今日から始まる

# ナラティヴ・セラピー

narrative therapy

希望をひらく対人援助

坂本真佐哉

日本評論社

# はじめに

数ある本のなかから本書を手に取っていただき、ありがとうございます。

みなさんは、この本のどこに惹かれたのでしょうか？　ナラティヴ・セラピー？　対人援助？　それとも装丁？

あなたが手にとっているのは、本当にこの本でしょうか？　……というのは冗談です。

さて、ナラティヴ・セラピーは、社会構成主義心理療法の一つとして位置づけられますが、社会構成主義といってもピンとこない人もいるかもしれません。本書は、そのような人にこそ読んでもらいたいと思って書いたものです（いや、でも、知っている人も読んでくださいね）。

社会構成主義とは、現実や真実はただ一つのものであると捉えるのではなく、拠りどころとする立場によって物事の見え方は違ってくる、という考え方です。

また、私たちのもっている物事の見方というものは、私たちの「会話」や、「社会の常識」を通してつくられたものであり、私たちの抱える「心の問題」や「悩み」というものも、それらの影響を受けていると捉えます。

「自分の考えだけが正しい」と思うことによって、さまざまな対立状況や、誰かが責められる状況が生まれます。唯一の、正しい「ものの見方」があるのではないと考えることで、個人のあり方や家族を責めるのではなく、会話や対話によって解決の糸口を探っていくことができるようになる、と私は考えています。

こんなふうに書くと、「専門的な立場って、正しいことを知っていて、それを困っている人に教えるものじゃないの?」という声が聞こえてきそうです。

そうです。そうなんです。私たち対人援助の専門家には、「正しいこと」が求められているのです。

だからこそ、難しい状況に置かれているともいえます。

しかし、その圧力に負けてはいけません。それに負けないことが、目の前の人に対する「正しい」支援につながります(しまった、「正しいこと」をいってしまった)。

社会構成主義の考え方は、困っている人への支援にも役立つのですが、対人援助の専門家の救いにもなると私は考えています。本書は、そのような〝楽になる〟対人援助のあり方について読者と一緒に学ぶために書いたものでもあります。

では、始めましょう。

## 【目次】

はじめに　1

プロローグ　**対人援助の六タイプ!?**　7

第1章　**人生は物語……なのか?**　13

1　人生の物語／物語の人生?／2　「桃太郎」のお話を知っていますか?／3　物語の仕組み／4　物語は書き換えることができるのか?／5　ナラティヴ・セラピストの会話／6　「問題」のストーリーから好みのストーリーへ

第2章　**問題と人を切り離す!?**　33

**——問題の外在化とは、外在化する会話とは**

1　頭突きをしてしまう小学生／2　「問題」はどこにあるのか、どこからくるのか／3　原因を探すことが「問題」になる／4　外在化する会話

第3章　社会構成主義心理療法の発展とナラティヴ・セラピー ―― 53
1　個人の問題をシステムとして捉える／2　家族支援でシステムに加わるということ／3　解決努力が問題を維持するシステムとなる／4　社会構成主義としての実践／5　新たなる意味を生み出す関係性とは／6　カウンセリングにおける新たな意味の創出／7　ナラティヴ・セラピーの会話のプロセス

第4章　回復のストーリーを紡ぐ会話 ―― 79
――相手の希望に光を当てる
1　「問題行動」はやめさせることが先決なのか？／2　子どもの希望を叶えてあげるのは甘やかすこと？

第5章　不登校・ひきこもりに悩む家族との会話 ―― 95
――コミュニケーションの回復に向けて
1　何かが悪いから問題が生じる？／2　本人があきらめてしまっている？／3　家族は余計なことをせずに見守るしかない？／4　そんなつもりはないのにプレッシャーになるのはなぜ？／5　本人が家族を責めるのは、家族が悪いから？／6　行けなくなった理由を話してくれないのはなぜ？／7　「肝心な話」から逃げても大丈夫？／8　コミュニケーションの回復に向けて／9　問題に負けていない、小さなよい変化を見つける／10　回復に向けての一里塚

第6章　健康問題と「外在化する会話」　121
1　健康についての価値観／2　禁煙チャレンジグループ！／3　糖尿病を抱える男性との会話

第7章　ナラティヴな会話を広げるコツ　143
1　アウトサイダー・ウィットネスの会話プロセス／2　行為の風景と意味の風景

第8章　ナラティヴな会話の実践に向けた練習あれこれ　163
1　「外在化する会話」演習の意味するところ／2　ダブル・リスニングの演習／3　対立状況への対処についての演習／4　対人援助場面における対立状況への応用／5　希望を広げる会話の演習

第9章　会話のパッケージとしてのナラティヴ・セラピー　187
1　「会話のパッケージ」とは何を意味するのか／2　問いかけることの意味とは何か

エピローグ　社会構成主義は世界を救う、のか!?　203

おわりに　211

参考文献　215

# プロローグ　対人援助の六タイプ⁉

私たちの抱える問題は、コミュニケーションのなかで「問題」となります。間違えてはいけないのは、「問題を生むコミュニケーション」とか、「コミュニケーションスキルの問題」などといっているわけではない、ということです。

ただし、「コミュニケーションによって傷つくことがある」と表現することはできるかもしれません。そして、コミュニケーションによって傷つく私たちを癒すのもコミュニケーションである、ということができるでしょう。

「いや、私は自然に癒されたのだ」と主張する人もいるかもしれません。

しかし、その人が「自然に癒される」機会や環境を周囲の人に許容してもらえた、とみるならば、やはりコミュニケーションによって癒された、といえるのではないでしょうか。

いずれにせよ、対人援助職である私たちは、何らかのかたちでコミュニケーションを活用して、悩んだり困ったりしている人々への支援を試みることになります。

そこでふと周りを見渡してみると、さまざまなタイプの対人援助に関する考え方が存在することに気がつきます。

対人援助の理論、あるいは実践のモデルは、次の六つの種類に大別できるのではないでしょうか。

このような分類をすると、少々批判的に受け止められる向きもあるかもしれませんが、「このタイプは正しい」とか、「このタイプは間違いだ」というふうに私が考えているというものではありません。好みの問題、というと語弊があるかもしれませんが、私自身が望む対人援助のあり方や考え方を整理するために、分類してみたものです。

また、ある実践がこの六つのうちどれか一つだけに当てはまるとは限らず、あるタイプとあるタイプ、あるいは三つ以上の組み合わせであったり、組み合わせは同じでも個々の割合が違っていたりといったことによって、独自性が生まれるでしょう。

では、一つずつみていきましょう。

その1：修理工モデル

「正常」や「異常」という概念を想定しており、正常な状態が何かしらの原因によって損なわれると、異常な状態に移行すると考えます。正常であるか異常であるかは、診断基準や検査などによって決まるか、あるいは、文化や社会のなかで「標準」とされている状態から逸脱しているかどうかによって決まってきます。よって、異常な状態を正常な状態に戻す、あるいは修正するということが援助の中心となります。

その2：教師モデル

正常や異常というよりも、人としての「あるべき姿」や「理想の人間像」というものが想定されています。そうしたものはもちろん、その時代の文化や社会の影響を受けているわけですが、どちらかというと、援助者が自身のなかにもっているものであることが多いかもしれません。援助の方法としては、教え導く、説得する、諭す、といったことが中心となるでしょう。

その3：寄り添いモデル

正常と異常とか、人として正しいあり方に導くなどという発想はもっておらず、ただただ援助の対象となる人に共感し、ともに「居る」こと自体を目的とする立場です。援助の方向性を援助者が決めることは一切せず、対象者の自由意志を尊重します。拠って立つ専門的な理論はいろいろあったとしても、それらの理論そのものについて何かしらの説明を対象者に行うことはあまりないかもしれません。

### その４：芸術家モデル

専門家としての理論があり、方法論として確固としたものに基づいて対人援助の実践を行います。援助者には「自分のやり方」があるので、対象者の状況によってブレることはないでしょうし、ブレないことがよりよい援助であるという価値判断もあるかもしれません。つまり、他者の状況によって方針を変更することはなく、どのような作品（援助）をどのような方法でつくる（実践する）のかは芸術家（援助者）自身が決めます。参照している専門的な理論そのものは、独自につくり上げたものではないかもしれませんが、実践する方法は独自の裁量によります。

### その５：建築家モデル

専門的な知識は有しているものの、どのような家を建てるのかは注文者（対象者）の希望次第です。建築家（援助者）がどのような家（解決）を建てる（構築する）のかを決めるものではありません。注文者と建築家のコミュニケーションによって、建てる家についての構想を練り上げていきます。もちろん、その人にとって「正しい家」とか「間違った家」というものはありませんが、家についての希望を引き出すための会話のプロセスについて建築家は経験を積んでいます。

## その６：政治家モデル

社会的な問題に関心があり、援助者の考える社会正義の立場から支援を行います。必ずしも一対一の会話のプロセスだけを行うというものではないかもしれず、必要に応じて組織に働きかけたり、社会そのものに働きかけることもあると考えられます。一人ひとりへの支援も行うでしょうが、たとえばある立場に置かれているマイノリティなど、社会的に擁護を要する（と考える）集団への支援を行う、という観点ももっています。

さて、セラピストやその他の対人援助の専門家としてのみなさん自身は、どのモデルに近いでしょうか。また、ナラティヴ・セラピーは、どのモデルに近いと思いますか。

もしかしたら、察しのよい読者の方はもう見当がついているのかもしれません。しかし、ここで答えを出すというよりも、本書を読み進めるなかでその答えを見出していただけたらと思っています。
さあ、続けましょう。

# 第1章　人生は物語……なのか？

## 1　人生の物語／物語の人生？

みなさんは、次の表現に同意できるでしょうか？

「私の人生は、いろいろあった」

それはそうですよね。誰でも、何歳の方でも、どんなに若くても、「いろいろ」はあるわけです。一年のなかでも、一日のなかでもいろいろありますよね。すべての方に同意していただけるのではないでしょうか。
では、次はどうでしょう。

「私の人生は出来事の積み重ねである」

たしかに、人生にはいろいろな出来事があります。それらが積み重なって、「私の人生」なのかもしれません。これも問題ありませんね。すべての方に同意していただけるでしょう。

「私の人生は物語である」

はい、少し怪しくなってまいりました。私の人生やあなたの人生はたった一つしかないのに、どうして物語なのでしょうか。
物語というのは、本になっていて、おじいさんとおばあさんが……いやそこまでいかなくても作り話みたいな、そんなイメージが思い浮かびます。また、物語といわれると何だか現実とは異なるような気もしてきます。しかし、私たちの人生は事実の積み重ねですし、たしかな現実です。ここらあたりで、同意できないという人も出てくるのではないでしょうか。もちろん、それも「あり」です。

さて、次はどうでしょうか？

「私の人生は、語り方によっていかようにも聞こえる」

断固反対、という声も聞こえてきそうです。語り方によって人生がいろいろに聞こえてくるなんて同意できない、という人がたくさんいるでしょう。繰り返しますが、人生は一つきりなのですから。

次にいきましょう。

「人生は、語りによってつくられる」

ああ、もうため息が聞こえてきそうです。人生は事実だし、この目で見て、聞き、話している。実際、そこにある現実は目に見えているし……。語りによってつくられるなんて、意味わからん。

おっしゃる通りです。

さて、さらに次。

「人生は語りだ」「言葉が世界だ」……。

もう、ダメですか？　しかし、私がこの本を通してみなさんにお伝えしたいことは、おそらくこのようなことに関係しているのです。

## 2　「桃太郎」のお話を知っていますか？

さて、唐突ですが、「桃太郎」のお話をご存知ですよね。少しのあいだ、思い出してみてください。そうです。あの「桃太郎」です。

念のため、おさらいしてみましょう。

むかしむかし、あるところにおじいさんとおばあさんがいました。おじいさんは、山へ芝刈りに。おばあさんは、川へ洗濯に行きました。おばあさんが洗濯をしていると、大きな桃がどんぶらこ、どんぶらこと流れてきました。びっくりしたおばあさんは、桃をひろって持ち帰り、おじいさんと一緒に包丁で切ってみると、なかから男の子が出てきました。子どものいなかったおじいさんとおばあさんはたいそう喜び、男の子を大切に育てました。男の子は立派な若者に育ち、鬼の悪さでみんなが困っていることを聞きつけると、鬼退治を買って出ました。おじいさんとおばあさんからもらったきびだんごを携え、途中で出会った犬、猿、キジをしたがえ、立派に鬼退治を果たすのでありました。

たしか、このようなお話でしたね。

さて、実は、芥川龍之介も「桃太郎(1)」を書いているのをご存知でしょうか。

以下、芥川による「桃太郎」を読んでみましょう。

桃から生れた桃太郎は鬼が島の征伐を思い立った。思い立った訳はなぜかというと、彼はお爺さんやお婆さんのように、山だの川だの畑だのへ仕事に出るのがいやだったせいである。その話を聞いた老人夫婦は内心この腕白ものに愛想をつかしていた時だったから、一刻も早く追い出したさに、旗とか太刀とか陣羽織とか、出陣の支度に入用のものはいうなり次第に持たせることにした。のみならず途中の兵糧には、これも桃太郎の註文通り、黍団子さえこしらえてやったのである。

桃太郎は意気揚々と鬼が島征伐の途に上った。すると大きい野良犬が一疋、飢えた眼を光らせながら、こう桃太郎へ声をかけた。

「桃太郎さん。桃太郎さん。お腰に下げたのは何でございます?」

「これは日本一の黍団子だ。」

桃太郎は得意そうに返事をした。勿論実際は日本一かどうか、そんなことは彼にも怪しかったのである。けれども犬は黍団子と聞くと、忽ち彼の側へ歩み寄った。(中略)

鬼は熱帯的風景の中に琴を弾いたり踊りを踊ったり、古代の詩人の詩を歌ったり、頗る安穏に暮らしていた。そのまた鬼の妻や娘も機を織ったり、酒を醸したり、蘭の花束を拵えたり、我々人間の妻や娘と少しも変らずに暮らしていた。殊にもう髪の白い、牙の脱けた鬼の母はいつも孫の守りをしながら、我々人間の恐ろしさを話して聞かせなどしていたものである——。

「お前たちも悪戯をすると、人間の島へやってしまうよ。人間の島へやられた鬼はあの昔の酒顚童子のように、きっと殺されてしまうのだからね。え、人間というものかい?、人間というものは角の生えない、生白い顔や手足をした、何ともいわれず気味の悪いものだよ。おまけにまた人間の女と来た日には、その生白い顔や手足へ一面に鉛の粉をなすっているのだよ。それだけならばまだ好いのだがね。男でも女でも同じように、嘘はいうし、慾は深いし、焼餅は焼くし、己惚は強いし、仲間同志殺し合うし、火はつけるし、泥棒はするし、手のつけようのない毛だものなのだよ……」

いかがでしょうか？　みなさんご存知のはずの桃太郎のお話とは、ずいぶん違うと感じたのではないでしょうか。

## 3　物語の仕組み

さて、ここでは便宜上、昔話や小説など文芸作品となっているものを「物語」と呼び、会話のなかで語られる語りを「ストーリー」と呼ぶことにします。

物語あるいはストーリーとは、出来事（ここでは「プロット」と呼びます）を時間の流れに沿いながら結びつけて語るものです。順番が変われば、つまり、時間の流れが異なれば、まったく違う物語やストーリーになります。なぜなら、因果関係が変わってくるからです。

たとえば、「子犬が駆けている。大きな犬も駆けている」という話と、「大きな犬が駆けてきた。そして、子犬が駆け出した」という話では、まったく異なるものとして私たちは理解しようとするでしょう。

どちらも、子犬と大きな犬の両方が駆けているということを示しています。しかし、前者は子犬と大きな犬が無関係に駆けているところを思い浮かべるかもしれませんし、大きな犬が子犬を追いかけているところを思い浮かべるかもしれません。一方後者は、大きな犬が駆けてきたので、子犬はびっくりして、あるいは怖がって、違う方向に駆けていく場面を思い描くのではないでしょうか。

このように、プロットのつなぎ方や微妙な語尾の変化によって、物語やストーリーはまったく違うものになることがわかります。

さらに、お話のなかには語られていないプロットもあるのです。

たとえば、「子犬が駆け出した。そして大きな犬が駆けてきた。昔の仲間を覚えていたのだ」とするならば、どうでしょうか。「昔の仲間を覚えていた」という新しいプロットが出てきました。そうすると、子犬と大きな犬がお互いの方向に近づいていく様子が思い描かれます。一方、「子犬が駆け出した。そして大きな犬が駆けてきた。子犬は、少し前にさんざんやられたことを覚えていたのだ」とするならば、子犬は大きな犬と別の方向に駆け出した場面が想像されるでしょう。

このように新しいプロットが加わることで、物語やストーリーは、これまたまったく違うものになります。

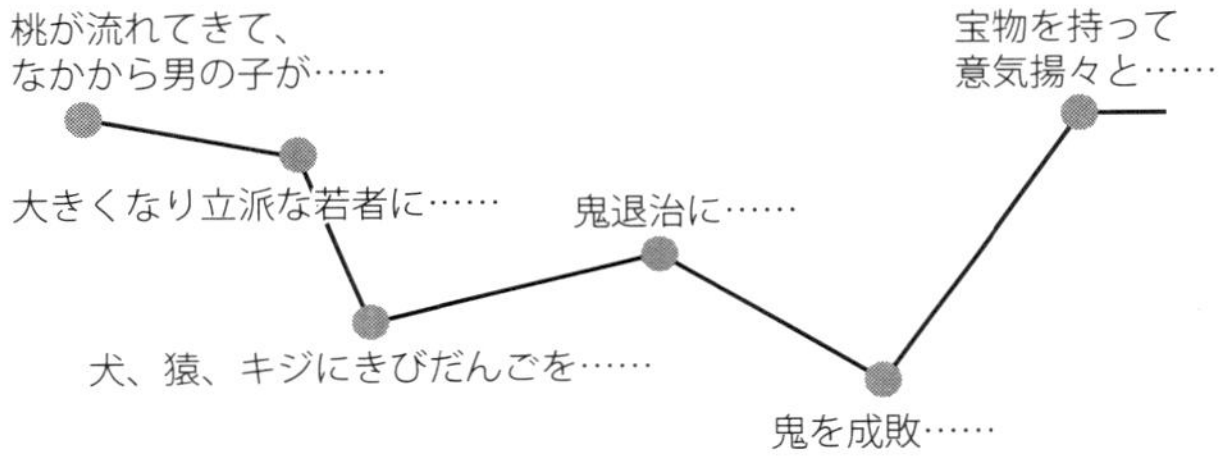


図1－1　プロットがつながって物語になる

図1－1をみてください。

ここにある「桃太郎」の話の流れは、みなさんの知っている「桃太郎」そのものです。また、先の芥川龍之介による「桃太郎」も、基本的にはこの流れと何ら変わるところはありません。ただし、プロットとプロットのあいだに語られていることが、私たちがこれまで聞いたことのないものだったのです。つまり、語られていなかったことが語られたことによって、まったく異なる物語になったといえます。

## 4　物語は書き換えることができるのか？

ここでもう一つ、物語を紹介しましょう。小川未明の「千代紙の春」[2]。まず物語の前半を私が要約します。

病気の孫を心配するおばあさんが、大きなこいを売っているおじいさんを橋のそばで見かけます。こいを食べると元気が出る、という話を思い出し、買おうかどうかと思案しながら、元気のないように見えるこいの活きのよさを確かめるため、おじいさんにこいを持ち上げてもらいます。と、そのとたん、こいは勢いよく川に逃げていってしまいました。

おじいさんは、こいがいなくなったうえにお金がもらえないのでは、おうちに帰れません。おじいさんは、おばあさんにこいの代金を求め、おばあさんはそれを拒み、二人の口論に黒山の人だかりができる騒ぎになってしまいました。

ここから引用です。


このとき、集まった人々の中から、頭髪を長くした易者のような男が前に出てきました。

「おばあさん、こんなめでたいことはありません。死んだと思ったこいが跳ねて河の中へ躍り込むなんて、ほんとうにめでたいことです。きっとお孫さんのご病気は、明日からなおりますよ。孫のかわいいのは、だれも同じことです。このおじいさんにもかわいい孫が家に待っているのだから、おばあさん、こいの代金をはらっておやりなさい」と、その髪の長い男はいいました。おばあさんは、こいの代金なんど払うものかと思っていましたが、いまこの男のいうことを聞くと、なるほど、もっともだと思いました。そこで、おばあさんは、しなびた手で財布の中から銭をとり出して、おじいさんに払ってやりました。

ここでは、「易者のような男」が語る話によって、聞き手であるおばあさんには新しいプロットが二つ加わりました。一つは、こいを売っていたおじいさんにも、おばあさんと同じように可愛い孫がいるということ。もう一つは、動かなかったこいが跳ねて逃げたことは「めでたい」、ということです。

もちろん、これらに根拠があるわけではないでしょう。しかし、死んだように動かなかったこいが勢いよく跳ねた、ということと、おそらく病気で元気がなくなっている孫が元気になるということの二つを男は結びつけ、「めでたい」という新たな意味合い（プロット）を付与することができたと考えられます。

そして、おばあさんは新たな「めでたい」というストーリーの流れのなかに身を置くことになり、お金を払うことにしたわけです。ただ、おばあさんがうちに帰って家族にこの話をしたところ、嫁には「ばかばかしい」と笑われてしまうのです。今度は、「だまされたストーリー」になってしまったのですね。ところが、その話を聞きつけた息子が「めでたい」と易者のような男と同じことを言うものですから、おばあさんは救われた気分になり、家族のなかで「めでたいストーリー」が優勢となりました。そのうち孫も完治して元気になったようです。

通常、悩みを抱えた状態とは、さまざまな、どちらかというと否定的といわれるようなプロットが結ばれることで、「困ったこと」や「悩み」のストーリーとして語られる状態にあります。

たとえば、子どもがテストで思わしくない点を取った。先生に叱られた。クラスメートに笑われた。この前のテストでもよい点ではなかった。その時も母親にあきれられた。などというプロットがつながれば、「自分は勉強が苦手。自信がもてない。クラスメートもみんな自分をバカにしている。母親からも認められない。自分はダメな人間だ」というようなストーリーになるかもしれません。

その場合には、そのストーリーと矛盾するようなプロットには、光が当たりにくい状況になっています。

ナラティヴ・セラピーでは、悩みを抱えている人が語るストーリーに援助者が耳を傾けるなかで、まだ語られていないプロットをともに探索し、新しいストーリーを一緒につくり上げていくのです。

## 5　ナラティヴ・セラピストの会話

心理援助にかかわっている、カズコさんのストーリーを紹介しましょう（なお、本書で提示している事例はすべて特定のものではなく、その部分の趣旨に沿う形でいくつもの事例を再構成したり創作を加えたりしたものです。登場人物の名前もすべて仮名です）。

四〇代のカズコさんは、ひきこもりの状態にある男性の両親にカウンセリングを行っています。相談が始まってからもう数年が経過しているのですが、なかなか変化がないように感じているそうです。私の役目はカズコさんへのコンサルテーション（専門家に対しての助言）でした。その様子を、以下、対話形式で再現してみましょう。コンサルテーションを行う側（私ですが）は、ここでは「セラピスト」とします。まずはカズコさんの語りから。

「男性のご両親とは、ここ数年間、平均すると月に一度くらいのペースでお会いしています。ご本人にはお会いできていないのです。最初の頃はどうやって息子さんに働きかけて医療機関につなげるか、ということについて話し合っていましたが、なかなか難しくて。ご両親も少々あきらめ気味で、私もお役に立てていないことが申し訳なくて、自分まで落ち込んでしまうのです。支援する専門家として自信がもてなくなってしまいました」

セラピストは、次のような問いかけをしてみました。

「もし、ここにそのご両親がおられたとして、『これまでのカズコさんとの面接で役に立ったのはどのようなところでしょうか』と尋ねたら、どのようにお答えになると思いますか？」

「うーん……。きっと、『気持ちが楽になった』とおっしゃるでしょうかね」

「なるほど。ご両親の気持ちが楽になったのは、あなたのどのような働きかけによるのでしょうか？」

「とにかく、話を聞くしかできなかったので、ゆっくりじっくり話を聞きました」

「じっくりと話を聞いたことで、ご両親は気持ちが楽になったと感じている、と思われるのですね。気持ちが楽になったことで、そのご両親が変わってきたところがあるとしたら、どのようなところでしょうか？」

「そうですね。口げんかが減ってきて、息子さんもご両親もマイペースに生活できるようになってきた、とおっしゃっていました」

「マイペース、ですか」（やや驚いて）

「そうですね。ご両親は、以前は腫れ物に触るような感じで、息子さんが何をするにしても気になっていたけど、だんだんと自分たちの生活のペースに戻ってきたようなのです」

セラピストは、さらに質問を重ねていきました。

「あなたの『じっくり話を聞く』という姿勢は、どこからくるものなのでしょうか？」

「そうですね。それしかできなかったというのが正直なところなのですが」

「それにしても、『じっくり聞く』ことは根気のいることだと思います。あなたのそのような姿勢は、どうやって養われたのでしょうか？」

「いつも話はしっかり聞こう、と心がけているんです。人の役に立ちたい、と思ってこの仕事についたものですから」

「それはいつ頃のことですか？」

「もうずいぶん前ですね（笑）」

「思い出せますか？」

「なんとか（笑）」

「その頃のことを少しだけ思い出したことは、今のあなたにとってどのような感じでしょうか？」

「いろいろと経緯があって、この仕事についたんですけど、その頃のことを振り返ったことで、一生懸命だった頃の気持ちを思い出しました。今も困っている方の話を一生懸命に聞いていることには変わりないし、実際にそれでお役に立てているところもあるんだなあ、と思うと、『これでいいのかな』という気持ちになってきました。私は、小さい時から人の話を聞くのが苦にならないほうだったせいか、人から相談されることが多くて……」（語りは続く）

さて、この会話を見てどのように思われたでしょうか。「何だか自然に（勝手に）解決しちゃってる」と思った人がいますか？　実はその通りです。

別にセラピスト側が何か目新しいことをアドバイスしたわけではありません。また、その人が気づいていない素晴らしい面について、セラピストが率先して指摘したわけでもありません。セラピストの発する言葉は、ほとんどが質問の形式をとっています。むしろ、教えてもらっているのはセラピストのほうです。

では、セラピストはいったい何をしたのでしょうか？

## 6　「問題」のストーリーから好みのストーリーへ

セラピストが行ったこと。それは、カズコさんのストーリーの変更についてお手伝いをしたにすぎません。

先の「桃太郎」や「千代紙の春」の話を思い出してください。そこでは、それまで光の当たっていなかったプロットに光が当たることによるストーリーの変更について説明しました。

セラピストは、カズコさんによって語られた「問題」に関するストーリーでは触れられなかった、あるいは光の当たっていなかったプロットに光を当てるような質問を試みています。

カズコさんの語った「問題」のストーリーは、いうなれば「自分が役に立っていないストーリー」のようでした。つまり、「役に立っていない」というプロットがつなぎ合わされて、「役に立っていないストーリー」ができあがっていたわけです。コンサルテーションでは、それ以外のプロットがないか、探索を開始しています。そのために、「そのご両親がここにいたとしたら」という他者の視点を利用しています。

「問題」のストーリーは、当事者の視点によるものであり、時には揺るぎのないものとして存在します。しかし、私たちは他者の視点が自分と異なることを経験的に知っており、多くの場合、想像することもできます。もちろん、その時の苦痛があまりに大きく、想像するゆとりすら生まれない場合もあるのでしょうが。

いずれにしろ、自分とは異なる他者の視点を想像することにより、「問題」のストーリーとは異なるプロットに光が当たり始めます。それは、「ご両親の気持ちが楽になった」ことに貢献できたかもしれない、というプロットです。それを可能にしたのは、カズコさんの「じっくり話を聞く」という能力や、人の役に立ちたいと思ってこの仕事についたことなど、「問題」

のストーリーにはなかった別のプロットが結びつき始めたことです。

大切なのは、それらのプロットはセラピストの知らないことだということです。ナラティヴ・セラピーでは、セラピストがクライエントのあるべき姿を想定したり、誘導したりするのではありません。セラピストが知らないこと、そしてあくまでクライエントが好むストーリーを語ってもらうように支援します。

クライエントが好むストーリーを引き出す原動力になるのは、セラピストの健全な好奇心です。クライエントがどのような人生を歩みたいと思っているのか、どのような自分でいたいと思っているのか、それらに関するセラピストの好奇心によって、クライエントとともに、「問題」のストーリーでは語られていない別のプロットが探索されるのです。

そのためには、セラピストとクライエントは対等な関係である必要があります。しかしながら、セラピストはサービス提供者であり、「専門家」という位置づけである一方、クライエントはサービスの利用者であるという立場の違いが現実としてあります。つまり、どう考えても自然なかたちで対等であるとはいえません。よって、セラピストはクライエントに最大限の敬意を払う努力をしなければ、「対等」に近づくことはできないのです。

ナラティヴ・セラピーでは、クライエントに敬意を払うことがセラピーそのものの前提であると同時に、セラピーを進めることに欠かせないものであり、さらにはナラティヴ・セラピーを実践すること自体がクライエントへの敬意につながるという不思議な入れ子構造になっているといえます（ちょっとややこしかったでしょうか）。

このように説明されても、この時点でピンとくる人は多くないでしょう。以下の章を読み進めながら、これらのことについて少しずつ共有することができればと考えています。

次章では、ナラティヴ・セラピーの柱となる考え方を紹介します。問題や悩みの原因はどこにあるのか、そして問題そのものはどこからくるのか、といったことについてです。

# 第2章　問題と人を切り離す⁉
## ——問題の外在化とは、外在化する会話とは

### 1　頭突きをしてしまう小学生

#### カウンセリングに至るまで

小学生六年生のセイイチくんのお話です。

セイイチくんは、同級生にからかわれるとキレてしまい、ついにはそのクラスメートに頭突きをしてしまう、というトラブルを抱えていました。頭突きというのは、頭から突進して相手の胸元に突っ込んでいくというものです。これまで大きな怪我はなかったものの、突進したたま

ま相手にしがみつき、教師が力づくで引き離さないと離れないそうです。頭突きに至るきっかけはセイイチくんをからかう側にあるわけですから、からかった生徒のほうが悪いともいえます。しかも、セイイチくんがカーッとなって突進していくのを面白がるふしもありますから、タチが悪いのかもしれません。

もちろん先生はからかう生徒たちに注意をしていますが、セイイチくんにも困っていることがあるのではないか、もう少し辛抱強くなれるとよいのではないか、ということで、カウンセリングを紹介してくれました。

セラピストのところにきてくれたのは、セイイチくんとお母さんでした。お母さんはお父さんと一緒にとても熱心にセイイチくんを育てています。ただ、セイイチくんの学校でのトラブルに関しては、どのように対処してよいのかわからずに困っている状態でした。トラブルのたびに学校の先生から連絡がくるのですが、実際に見たわけではないですから、なかなか対処のしようがありません。むしろ、両親には、そのようなトラブルが生じるのは学校側にも問題があるのではないか、という気持ちもありました。

## 面接室での会話

さて、面接室では、セイイチくんもお母さんも表情が硬く、口も重い。叱られることを覚悟しているような雰囲気すらありました。学校の先生からカウンセリングを受けるように言われてある意味仕方なくきたわけですから、何かお説教をされるのではないかと考えても無理はありません。なにせ、二人ともカウンセリングを受けるのは初めてのことでしたから。

セラピストは、カウンセリングが何らかのペナルティと受け取られないように注意しながら会話を進めていきました。セイイチくんの家での様子をうかがい、セイイチくんとお母さんの困りごとを教えてもらおうとするのですが、なかなかうまくいきません。

セイイチくんはテレビゲームが大好きなのですが、お母さんと決めたゲームに関するルールを守れないことが多いとか、きょうだいとのあいだでしょっちゅうケンカをしてしまう、ということがあるようでした。お母さんはきっと気に病んでいるだろうとセラピストには思え、会話を重ねるのですが、なかなか硬い雰囲気は変わらず、「家ではとくに困っていることはありません」と、頑なな様子が続きます。

きょうだいとの関係について話を聞いてみると、セイイチくんは優しく、きょうだい思いのところもあるとのことでした。それについてくわしく教えてもらうと、とくに外出先では、自分よりも年下のきょうだいが楽しむことを優先するらしいということがわかりました。家ではともかく、外では自分が年上なので、面倒をみなければならないと感じていることがセイイチくんの言葉からわかってきました。

セイイチくんもお母さんもようやく笑顔になってきた頃に、学校でのトラブルの話を切り出してみました。セイイチくんは、「クラスメートがからかってくるので、腹が立つ」と語りました。頭突きなんて本当はしたいわけではないのに、どうしてもそんなふうになってしまう、と力なく話しました。

セラピストが「どのようになれたらよいのでしょうか」と尋ねると、セイイチくんは間を空けずに「友だちともっと仲良くなりたい。それに、もっと友だちを増やしたい」と答えました。となりでお母さんがちょっと意外そうな顔をしているので、「ご存知でしたか」と尋ねると、「いいえ、少し驚きました」と言います。

お母さんが驚いた理由を尋ねると、「いろいろとトラブルを起こしているので、てっきりお友だちとはあまりかかわりたくないのかと思っていました」とのこと。セイイチくんは、「友だちが嫌いなわけではない。自分がもう少し我慢できれば、仲良くなれるような気もする」と述べたのでした。

セイイチくんのきわめて前向きな言葉に勇気づけられて、セラピストは次のように問いかけてみました。

「セイイチくんが友だちと仲良くしたいとか、友だちを増やしたいという思いをもっていることがわかって安心しました。でも、そういうセイイチくんの気持ちを何かが邪魔して、友だちと仲良くなれないようにしている。何だか、そんな感じなのでしょうか？」

セイイチくんは、少しのあいだ考えて、「そんな感じかも」と答えました。

「セイイチくんが友だちと仲良くしたい気持ちを邪魔しているものに名前をつけるとすると、どんな感じになりそうでしょうか？　たとえば、『イライラくん』とか……うーん、何だろ？」

「……ムカつき……かな」

「そう、じゃ、『ムカツッキー』とかどうでしょうか。でも、ちょっと呼びにくいから『ムカッキー』でどう？　そんなふうに呼んでみてもいいですか？」

「はい、それでいいです」。セイイチくんは、笑顔です。

「ムカッキーは、どんなふうにセイイチくんの邪魔をしてくるのでしょうか？　友だちがからかってきて、初めはガマンしようって思うんだけど、キレさせられちゃうような感じかな」

「そう、そう」

「それで頭突きすることになっちゃう？」

「そんな感じです」

「なかなか手ごわい感じかな？」

「そうみたい」

「もしもムカッキーに負けないでいられるとしたら、どんなところが違ってくると思う?」

「学校がもっと楽しくなるかな」

「負けないようになりたい感じ?」

「うん」

もう、セイイチくんに硬さはみられず、セラピストの問いかけに元気に応える姿にお母さんも少し嬉しそうでした。

「さて、ムカッキーに負けないようにするのは、なかなか骨の折れることのような気もするね。まずは相手の観察から始めるというのはどうでしょうか?」

「はい」

「専用のノートを準備して、毎日ムカッキーの様子について記録してみるというのは、大変でしょうか? ほら、ゲームのキャラクターのエネルギーみたいなイメージなんだけど」

「わかりました。やってみます」

セイイチくんはそう言って、元気に帰っていきました。

## ムカッキーに負けない日

次の回、ノートを小脇に抱えてセイイチくんがやってきました。ノートを開いてみると、きれいに色の塗られた円グラフがいくつも目に飛び込んできました。円グラフは赤色、黄色、青色などです。毎日のムカッキーの強さが色で示されており、パワーが強い日は赤、中くらいだと黄、弱い時は青で塗ってありました。それぞれの円のとなりには、三行ほどの説明が書かれています。赤のところには「今日はムカッキーのパワーが強くてもう少しで危なかった」、青のところには「今日のムカッキーはけっこう大人しかったのでよかった」、など。

セラピストは赤色のところを指差して、

「この日はトラブルになっちゃったのですか？」と尋ねました。するとセイイチくんは、

「いえ、この日は本当にカーッとなりそうだったんで、先生のところに駆け込んでいって、『○○くんがからかってくる』って言ったんです。そしたら先生が『よく我慢したね』と言ってくれたからか、ちょっと気持ちが楽になったんです」と答えました。

セラピストは、

「それはすごい。よくそのような切り抜け方を発見したね」と伝えました。

今度は黄色のところについてセラピストが尋ねたところ、

「この日は少しゆとりがあったので、その場を離れることにしました」

「すごいね。そういうやり方もあるんだね」

青色のところでは、

「この日はぜんぜん大したことなかったので、少しだけ何か言われたけど、笑ってすませることができました」

「おお。ムカッキーの状態によって、いろいろと対処の仕方を変えているってこと？」とセラピストが尋ねると、セイイチくんは、

「そう言われるとそうかもしれません」と答えました。

「では、いろいろな対処の仕方について、リストアップして教えてもらえますか？」

「わかりました！」とセイイチくんは、また元気に帰っていきました。

さらに次の回、セイイチくんがノートを開いて見せてくれました。見せてくれたのは表紙の裏です。そこには、定規を使ってきれいに書かれた表があり、左の列には「Sランク」「Aランク」「Bランク」「Cランク」と書かれています。右の列には、それぞれの内容がくわしく書かれているようです。Sランクの右の欄には「先生に言いにいく」。Aランクのところには「その場を離れる」。Bランクは「言い返す」。おっ、すごいですね。Cランクは「笑ってすませる」。

「すごい！　この『言い返す』は、ケンカになったりしないの？」とセラピストが言うと、セイイチくんは、

「冗談っぽく言い返すんです。笑いながら『そんなことないだろー』とか」

「なるほど。その次の『笑ってすませる』なんて、ずいぶん余裕のある対処の仕方だね」セラピストのコメントにセイイチくんもまんざらでもない様子で、嬉しそうです。となりで、お母さんもニコニコ笑っています。お母さんは、「最近は家でも機嫌がいいみたいなんです」と話題を提供してくれたので、セラピストは、その内容についてもくわしく教えてもらうことができました。もちろん、セイイチくんはますます笑顔になっていきました。

結局、セイイチくんの頭突きの問題は、初回のカウンセリング以降生じることはなかったようです。お母さんは、その後も元気に学校に通っている様子をときどき報告してくれました。

さて、セイイチくんとお母さんや学校の先生たち、そしてセラピストも一緒になって取り組んだ頭突きの問題は、ナラティヴ・セラピーではどのように考えられたのでしょうか？　問題に「ムカッキー」と名づけたことには、どのような意味があったのでしょうか？

## 2　「問題」はどこにあるのか、どこからくるのか

日常生活のなかで問題が生じると、私たちは、原因を探って解決しようとします。それはと

ても自然なことです。そして多くの場合、それで解決することができます。たとえば、自動車が動かなくなったとしたら、どこかに必ず原因があるはずです。修理工場に持ち込んで原因を調べ、特定することができれば、解決に至るでしょう。

しかし、「心の問題」はそう単純にはいきません。目に見えない領域ですから、因果関係を特定することも容易ではありません。また、「心の問題」の原因は、自動車の故障のように一つだけというわけでもないでしょう。さまざまな要因が複雑に絡み合い、特定することはとても困難です。経験上、原因らしきものを見つけ取り除いたからといって解決しない場合もたくさんありますし、反対に、原因を見つけることができないにもかかわらず解決したという場合も少なくありません。

そもそも「心の問題」は、どのようにして「問題」とされるのでしょうか。困っているから「問題」になるのでしょうか。それはそうでしょう。しかし、そもそも「困りごと」は、「困っている」というストーリーによって、「困っている」状態になると考えることもできます。

たとえばわが国の学校現場では、よく不登校が問題となります。たしかに不登校がこの数十年にわたって日本において大きな社会問題であることは、揺るぎのない事実です。しかし、これは現代の日本での話です。日本でも別の時代、あるいは同じ現代でもよその国であれば、事情は違ってきます。別の時代だったり別の国だったりすれば、子どもが「学校に行きたくない」と言えば、「そうか、そんなら父ちゃんの仕事を手伝え」と、ペナルティでも皮肉でもなく親が心から喜ぶ、そんなこともあるかもしれません。そのような状況であれば、不登校は「問題」にはならないでしょう。

つまり、不登校が「問題」となっているのは、現代の日本であるからなのです。私はここで、「不登校は大した問題ではない」とか、「子どもを強制的に学校に行かせるべきではない」などといっているのではありません。ある事柄が「問題」として認識されることは、社会の文化や文脈と切り離すことができない、ということがいいたいのです。

つまり、「問題」は、人々のあいだで「問題」として共有されることによって「問題」となるのです。現に、「問題」のかたちは時代とともに刻々と変遷していきます。「それは、科学の発展によって、それまでわかっていなかったことが明らかになったためだ」と考える人もいるでしょう。しかし、問題が変遷する要因は科学の発展だけではありません。常識の変化や価値観の変化によるものもたくさんあります。

私が子どもの頃は、いわゆる「スポ根マンガ」や「学園ものドラマ」が流行していました。トレーニングでうさぎ跳びをすることは、ただ身体を鍛えるという意味合いだけでなく、一生懸命ストイックに競技に向き合うという「根性ある姿勢」を表そうとしていたように思います。しかしその後、うさぎ跳びは膝を悪くするといわれるようになり、運動する人たちはうさぎ跳びをすることはなくなりました。若い人は「うさぎ跳び」という言葉すら知らないかもしれません（現在は別のかたちの「うさぎ跳び」があるという話もありますが）。

また、学園もののドラマでよく「先生も痛いんだ！」と言って行われていたビンタ（平手打ち）もみられなくなりました。たとえ「愛の鞭」だとしても暴力は絶対的に不適切であるとの考え方（価値観）が広がったからです。スポーツの練習中の水分補給に関する常識の変化は、あらためて説明するまでもないでしょう。

このように社会の常識や価値観は、時代とともに変遷しますし、場所や文化が変われば変わってきます。したがって、「問題」についての捉え方や扱い方も変化するものであり、「正しい」とか「間違い」という物差しで測りきれるものではないのです。

## 3　原因を探すことが「問題」になる

### 不登校は親が原因なのか？

そもそも「心の問題」において「原因」を見つけることは、関係者にどのような影響を及ぼすのでしょうか。

ある女子中学生の母親が、娘が学校に行けないとのことで相談にきました。実はこのお母さん、私のところにくる前に別の場所に相談に行ったそうですが、そこでちょっとつらい体験をされたそうです。

その専門家は、お母さんの話をひと通り聞いたうえで、次のように話したそうです。「娘さんの問題は、幼少期のお母さんとのかかわりに原因があります。それによって現在、学校に行けなくなっているのです」と。

お母さんは、次のように語りました。

「二つの意味でショックを受けました。一つは、『ああ、やはり私が悪かったのか』ということ。もう一つは、『幼少の頃に原因があるのだったら、今さらどうすればいいっていうの？』ということです」

その専門家がその通りに言ったのかどうかはわかりませんが、少なくともこのお母さんにはこのように伝わっているようでした。

さて、その専門家がもしもそのように言ったのならば、いくつか気になる点があります。まず、幼少期の母親のかかわりがのちの不登校に関連するということが、真実かどうかということ。たしかに心理学の研究には、早期の親子関係に注目したものも多く、それがのちの心理的な問題や適応に影響を与える可能性が示されている場合もあります。しかし、それがこの家庭に当てはまる根拠が示されたわけではありませんし、そのことが不登校の直接的な原因であるとの根拠が見出されているわけでもないでしょう。ですから、このお母さんが納得できないのも無理はありません。もしも一般論としてコメントしたのであれば、いささか乱暴な話です。

また、仮にその考え方が正しいとしても、そのことを相談にきたお母さんに伝えた時の影響をどのように考えるべきでしょうか。「正しいことだから、そのまま伝えることが大切だ」という考え方もあるかもしれません。しかし、少なくともこのお母さんが、その専門家の言葉に少なからず傷ついたのはたしかなようです。幼少期のかかわりが正しいのか正しくないのか、それについて伝えるべきなのかあるいは伝えるべきでないのか、伝えるとするならばいつ、どのように伝えるべきなのかなど、専門家として多くのことについて考えなければならないことは、あらためていうまでもありません。

## 内在化とディスコース

ただ、私たちの社会では、何か心の問題が生じた時に、「性格の問題」と当事者の内面に原因を求めたり、「親子関係の問題」と人間関係に原因を求めるといった具合に、「当事者や関係者に問題がある」という考え方をすることがあります。そのような考え方を、「内在化言説」と呼びます。「内在化」とは、人のなか（心や性格などの内面）に原因を求めるということです。「言説」は、「ディスコース」といわれているものですが、ここでは私たちの価値観や言動のもとになるような考え方の枠組みと理解してください。

ディスコースというのは、いわば世の中を眺めるメガネのようなものです。私たちは、ありのまま物事を見ているというよりも、ディスコースというメガネを通して、世の中のいろいろな事柄を眺めているといえます。

「子どもの問題はすべて親の責任」というディスコースをもっていれば、自動的に親の問題点を探すことになるでしょうし、「男は強くて家族のリーダーであるべきだ」というディスコースがあれば、おのずと父親のあり方を問題視するようになるかもしれません。

人々のなかに問題を見つける内在化の考え方は、こうしたディスコースの影響を受けます。問題を抱えると、問題そのものに苦しむことに加えて、このような内在化言説に私たちは苦しむようになります。問題の原因は自分たちにあるのではないか、と自分を責めるからです。自分以外の誰かを責める場合もあるでしょうが、その場合はトラブルになるかもしれません。いずれにしろ、責任追及が問題にさらなる苦しみをもたらすといえるでしょう。

ナラティヴ・セラピーでは、このような内在化言説に対抗する立場をとります。先のセイイチくんの場合は、セイイチくんに問題があるのではなく、セイイチくんも「ムカッキー」に苦しめられている、というストーリーを共有しました。つまり、問題をセイイチくんの外側に出したわけです。

これを、「問題の外在化」と呼びます。また、そのような外在化をクライエントと共有する会話を「外在化する会話」と呼びます。

## 4　外在化する会話

このような「外在化する会話」のプロセスは、オーストラリアのマイケル・ホワイトとニュージーランドのデイヴィッド・エプストンによって創始されました。彼らの心理療法の実践における柱となる考え方は、「人も人間関係も問題ではない。問題が問題である」というものです(1)。

精神分析から始まった心理療法の多くは、人のなかに存在する「心」を理解し、その問題点を見つけ、解決できるように支援するものです。心の問題点を見つけるわけですから、当然ながら問題を人のなかに見出すことになります。

しかしながら先に述べたように、「問題」は、いつでもどこでも同じように「問題」として存在するわけではありません。よって、人そのものを問題視すること自体が「問題」となり、副次的な問題となっていくこともあります。

ホワイトらは、人を問題視することこそが問題であると考え、「問題」を抱えた（とみられる）人々は「問題」に苦しめられている、と捉えました。

この考え方に基づくと、セラピストは、「問題を抱えた人を変えようとする人」ではなくなります。彼らの言葉を借りるならば、セラピストは「問題に対抗する立場」をとる、ということになるのです。

私たちが、問題を抱えた人と出会い、解決への援助を行おうとする場合、その人を変えようと躍起になってしまうことがあります。しかし、誰かを変えようと一生懸命になることで、その人とのあいだで対立関係に陥ることも少なくありません（図2－1）。

そこで、問題を外在化することによって、関係者が一丸となって問題に対抗するチームになる、とみることができるでしょう（図2－2）。

先ほど、常識は社会や文化によって異なり、時代によって変化していくという話をしました。常識は、社会のなかで、つまり人と人のあいだでつくられていくものです。同じように「問題」も、社会のなかで問題として認識されていきます。数十年前はそれほど大きな問題と認識されていなかったものが、徐々に大きな問題として扱われるようになることもあるでしょう。常識が刻々と変化するように、社会で「問題」とされるものも時代の経過とともに変わっていきます。

ナラティヴ・セラピーでは、人々はこのように刻々と変化する「問題」に苦しめられている

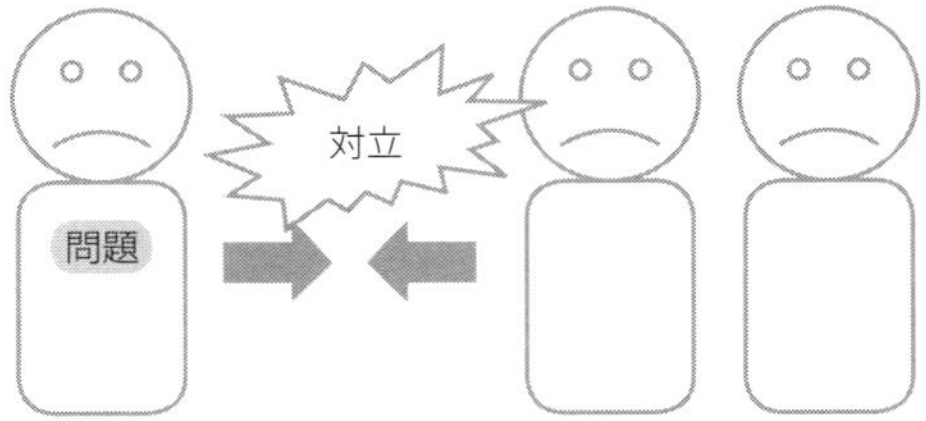

図２−１　「人が問題」とみなすことで、対立関係が生じる

図２−２　問題を外在化することで、ともに問題に立ち向かう

と考えます。「問題を抱えた人」と「問題」とを切り離し、「問題」そのものに対抗し、自分らしさを取り戻していくことを支援する心理援助がナラティヴ・セラピーなのです。「問題＝人」の状態から、「問題」だけを人から切り離すための会話が「外在化する会話」です。

人と人のあいだで現実がつくられる、というこのような考え方を「社会構成主義」といいます。「問題」も、社会的に構成された現実の一つなのです。

次の章では、社会構成主義に基づく心理療法について概観してみましょう。

第3章

# 社会構成主義心理療法の発展とナラティヴ・セラピー

ナラティヴ・セラピーは、社会構成主義心理療法の一つとして位置づけられますが、大きな流れとしては、家族療法の文脈から発展してきました。

この章では、家族療法の流れのなかでどのように社会構成主義心理療法が発展したのか、ナラティヴ・セラピーの周辺を含めたところまで少し視野を広げてみていきます。できるだけ簡単に説明していきますが、少々理論的な話も出てきます。もうすでに知っているという方やあまり関心のない方は、読み飛ばして次の章にいっていただいてもかまいません。

## 1　個人の問題をシステムとして捉える

家族療法は、心理療法の一分野です。大きな特徴は、心の問題や悩みを、個人の問題というよりも、家族の人間関係の文脈で捉えるということです。

このように書いてしまうとサラッと読み進めることができるような気もしますが、「家族の人間関係の文脈」というところに引っかかる人も少なくないでしょう。なぜなら、「心の問題は個人の問題である」と多くの場合は認識されているからです。

また、「家族の問題が原因で、個人の問題が生じる」という捉え方をされることがありますが、これは誤解です。心の問題や人間関係の問題はさまざまな要因が重なって生じるために、「何が原因か」について考えることはあまり役に立ちません。それどころか、「誰々が悪い」という話になりやすいために、かえって問題を助長してしまうことがあります。

では、別の言い方をしてみましょう。「個人が問題を抱えると、家族全体に影響が及ぶことになる」。この表現ではいかがでしょうか。これならば、多くの方はうなずくことができるでしょう。人と人が互いに影響を与え合っていることは、誰にでも同意していただけるはずです。

では、人と人とは何によってつながっているのでしょうか？

そう、コミュニケーションです。

家族療法は、人々のコミュニケーションによるつながりを「システム」であると考え、さまざまな問題をそのシステムのなかで捉えるという心理援助です。よって、「システムズアプローチ」と呼ばれることもあります。

たとえば、学校に行けない中学生がいるとします。母親は心配でイライラし、忙しい父親との関係は険悪になっています。このままだと、父親は次第に疲弊して調子を崩し、仕事への意欲を失ってしまうかもしれません。母親も疲れがたまり、子どもとの関係がギクシャクしていく可能性もあります。みんなが問題を解決しようとしているにもかかわらず、互いの責め合いが生じるかもしれません。問題を解決しようとすることが、図らずも問題を持続させることになってしまうというわけです。

家族療法では、「問題がどうして生じたのか？」という見方をしません。そうではなく、「問題がどうやって維持されているのか？　そして、どうやってそこから抜け出せるように援助するか？」ということを考える理論と実践なのです。

家族療法では、このようなコミュニケーションの流れやパターンを、「システム」というひとまとまりの単位としてみていきます。もちろん、中学生の子どもが元気を取り戻すことができれば、他の家族も元気を取り戻すことになるのでしょうが、このような観点から眺めると、反対に父親や母親が元気を取り戻すことが、ひいては子どもの元気につながっていく可能性もあるわけです。

解決に向かわないシステムの膠着状態から、解決に向かうコミュニケーションを目指すのが家族療法です。個人の内面に問題の原因を求めることはせずに、人と人とのあいだで生じているコミュニケーションの相互作用に注目するのです。

## 2 家族支援でシステムに加わるということ

さて、家族とともに問題の解決について話し合うためには、まずセラピストの存在を家族に受け入れてもらわなければなりません。家族とセラピストが敵対している状況では、話し合いにならないからです。そのためにセラピストは、家族のあり方を尊重し、ともに話し合う関係を築くように努めます。このようなプロセスを「ジョイニング」と呼びます。

相談に行っているのだから、家族がセラピストを受け入れるのは当然、と思うかもしれません。しかし、事はそう単純ではありません。誰にとっても家族の問題はデリケートです。自分の家族に問題があるのではないか、という不安がありながらも、一方では自分の家族には問題がないと思いたいところもある。相談はしたいけれど、他人にとやかく言われたくない、という部分もある。つまり、他人が家族にかかわることに対しては、かなり複雑な心理が働くのです。

だからこそ、「ジョイニング」というセラピストの努力が必要となるわけです。ただしここで難しいのは、セラピストが家族のあり方や価値観を尊重してジョイニングしようとする際に、家族のものの見方にセラピスト自身も大きく影響を受けてしまうということです。

そうすると、セラピストが家族の人間関係のなかに取り込まれてしまうという状況が生じます。このような状況は「巻き込まれ」と呼ばれます。

たとえば、子どもの問題で相談にきた家族のなかで、母親が熱心に子どもの問題に取り組んでいるとします。母親は、もっと父親にも協力してもらいたいと考えている。一方、父親は仕事で忙しいうえに、「母親の過干渉」が問題を助長していると考えているとします。

母親はセラピストに、自分がいかに子どものために頑張っているかについて訴えます。セラピストが母親の考えに寄り添い、共感すればするほど、父親とは心理的な距離が離れていく、ということが生じるかもしれません。父親のよそよそしい態度に、セラピストは次第に「非協力的な父親」というレッテルを貼りたくなるかもしれません。

「巻き込まれ」とは、このように、問題が維持されているシステムにセラピストが取り込まれてしまい、変化が生じにくくなってしまう状態を指します。

システムのなかにいる人間は、そもそもシステムを客観的に眺めることが難しい立場にあります。たとえていうならば、川の流れに流されている状況です。そこから逃れるためには、周囲の岩や木の枝につかまるなど、這い上がるきっかけが必要になりますが、流されている身としては周囲を冷静に眺めることはできません。

この状況での解決策は、誰か他の立場の人に状況を見てもらうことです。たとえば、橋の上から見ている人に木の枝や岩の場所について教えてもらうわけです。このように状況全体を見ることのできる立場を、「メタ・ポジション」と呼びます。

家族療法ではこのメタ・ポジションを確保するために、さまざまな工夫を編み出しました。その一つが、家族との面接を隣室からワンウェイミラー（マジックミラー）やモニターで観察する方法です。

たとえば先ほどの例で、熱心な母親にセラピストが肩入れしすぎ、父親と心理的な距離が離れてしまった状況に陥ったとします。このままでは、父親と対立するメンバーが一人増えたにすぎず、家族の対立の溝はどんどん深まってしまうことが予想されます。このような時に、隣室から観察していた専門家による観察チームがセラピストに内線電話などで連絡し、「もう少し父親の気持ちに寄り添うように」などと指示をすることができるのです。

このように家族療法では、メタ・ポジションを確保することで、システムをより客観的に眺めることができるようになり、問題を維持しているシステムが変化して、効果的に解決に向かうための支援を行えるようになったのです。

## ３　解決努力が問題を維持するシステムとなる

家族の人間関係をシステムとして眺める視点について、理解していただけたでしょうか。このようなものの見方について、一風変わっているという印象をもたれた方も多いでしょう。個人の心の問題には、本当に家族の人間関係がかかわっているのでしょうか？　ここで大切なのは、家族、あるいは家族の誰かのせいで個人の心の問題が生じているといっているわけではない、ということです。

もちろん、家族とのコミュニケーションはプラスのものばかりではないでしょうし、時にはストレスになることもあるでしょう。それが家族です。しかし、家族療法の場で、家族に原因を求めることで解決に向かうことはあまり期待できません（虐待などの危機介入が必要な状況は別です）。

いずれにしろ、家族のさまざまな行動は、それが仮に奇妙だったり異常にみえたりしたとしても、その家族なりに行っている何かしらの解決に向けた努力とみなすことができます。このような家族療法の考え方は、問題の維持に関する理論であって、問題の原因論ではありません。

問題の原因論には、さまざまな副作用があります。たとえば、不登校の問題について、家族や家族のうちの誰かに原因を求めるとするならば、それは悪者探しになってしまいます。悪者であると認識された家族のメンバーは、そのこと自体で気分が落ち込んだり、反発することになるかもしれません。そのような状況で援助者とのあいだに協力関係を築くことは甚だ難しいでしょう。つまり、原因を探すことが、問題を維持するシステムを形成することになるのです。

米国のメンタル・リサーチ・インスティテュート（「ＭＲＩ」と略されます）のグループは、それまでの精神病理学的・精神分析学的な視点から完全に離れ、コミュニケーションの観点から心理的な問題、あるいは行動上の問題を眺める視点を発展させました[1]。

人が複数いれば、コミュニケーションが生じます。仮に黙っていたとしても、それは「怒っている」とか「疲れていることをわかってほしい」などのメッセージとして伝わります。

つまり、コミュニケーションは情報なのです。しかし、単一の情報だけを伝えるわけではありません。

たとえば、夫が妻に「今日の味噌汁、美味しいね」と言ったとします。ここでは、夫が味噌汁のことを美味しいと思っている、という情報が伝わるのですが、それほど単純ではありません。たとえば、いつも何も言わずに味噌汁をすすっていた夫が突然「今日は美味しい」と言えば、妻は、「何か後ろめたいことがあるのか」とか、「何か頼みごとがあるんじゃないか」などと勘ぐりたくなるでしょう。このようにコミュニケーションは、文脈によってはいくつかの水準の情報を同時に伝えるのです。

問題や症状も、コミュニケーションの一つであると考えることができます。

もちろん、問題を抱えた人がわざと大げさに振る舞っているとか、ありもしない症状をあるようにみせかけているなどといっているのではありません。実際に存在する問題や症状は、その本人を介して、周囲の人に影響を与えることになります。「あいたたたたっ」と頭を抱えれば、周囲の人は「大丈夫？」と心配するでしょう。仮に周囲の人が無視するとしても、それはそれまでのやりとりによって怒っているなど、そこには何らかの意味があるはずです。つまり、問題や症状を介してコミュニケーションが生じるのです。

先のＭＲＩでは、人々は問題が生じれば解決努力を行うが、解決に向かわない場合、その解決努力自体が問題を維持させていると考えました。

たとえば、眠れない時に「眠るぞ」と頑張ると、かえって緊張状態になり、眠れなくなります。この場合、「眠るぞ」と頑張ることが解決努力です。

このようなことは、複数の人がかかわるコミュニケーションにおいても生じます。ミスを繰り返す人に対して誰かが叱りとばすならば、本人はかえって緊張してミスがひどくなるかもしれません。叱るという行為は解決のために行っているのですが、それが悪循環につながっていくわけです。

変化のためには、解決に向けた行動を変える必要があります。しかし、「叱ってはいけません」とアドバイスをしたからといって、うまくいくとは限りません。ましてや「叱るあなたが問題」などと周囲の人を問題視するならば、叱る人が悪者として扱われることになり、ますますその人も意固地になってしまうでしょう。

この場合、「ミス」の意味が変われば行動も変わる可能性があります。たとえば、そのミスがいかに「本人のための訓練やよい経験」になっているか、ということについて共有することができれば、「叱る」代わりにミスを歓迎する雰囲気が周囲にできるかもしれません。このような意味を変える働きかけは「リフレーミング」と呼ばれています。これがうまくいけば、「問題」はすでに問題ではなくなります。

また、イタリアはミラノの精神科医マラ・セルヴィニ・パラツォーリのチームは、このような原理をさらに発展させた家族療法を実践していました。[2] 家族から非常に詳細な聞き取りを行ったうえで、いかに問題が家族にとって必要であり役に立っているか、ということについてチームでまとめ、それを家族に伝えるという実践です。問題が家族の役に立っているわけですから、それはもはや「問題」ではありません。つまり、解決する必要がなくなります。

彼女らの実践は実に壮大なリフレーミングであるわけですが、「問題は問題でないので、そのままでよい」という逆説的な介入であるといえます。家族は、変化しなくてもよいし、仮に反発するとしたらそれは変化することを指すので、いずれにしろ治療的に意味のある状態となります。このような実践はミラノ派家族療法（もしくは「システミック・アプローチ」）と呼ばれています。また、このような治療的介入を「治療的二重拘束」ということができます。

この部分を読んで、第1章を思い出してくださった方もいるかもしれません。物事には常に多様な側面がありますから、「問題の役に立っているところ」をいくつも見つけてそれらをつなぐことができるならば、「問題が役に立っているストーリー」を描くことができるのです。ただしこの場合は、専門家チームが中心となって描くストーリーです。

## 4　社会構成主義としての実践

ノルウェーのトロムソという街に、トム・アンデルセンという精神科医がいました。彼はチームで家族療法の実践を精力的に行っていました。先に述べたような観察チームが別室に控え、メタ・ポジションを確保するかたちで家族療法を進めていた一九八五年三月のある日のこと。セラピストがどんなに頑張っても、家族の会話はポジティヴな方向に向かわないという状況が続いていたそうです。

人が集まればシステムとなることは先にも述べました。また、ワンウェイミラーを挟んでいたとしても、システムそのものから逃れることはできません。理論的には、何かしらのかかわりをもつこと自体がシステムの一員に加わることになりますから、完全に客観的な立場を確保したメタ・ポジションに立つことは不可能であるといえます。つまり、このような方法をとっていたとしても、もしかしたら何らかの「巻き込まれ」が生じていた可能性がありますが、この場合の詳細はわかりません。

さて、このような膠着状態で、アンデルセンはそれまでも考えたことはあったけれどもいまだ実行するには至っていなかったアイデアを家族に提案してみることにしました。それは、観察チームの会話を家族に聞いてもらうという試みです。

それまで、観察チームは裏方でした。セラピストが家族システムに変化を与えることができるように、介入の方法を家族のいない空間で考え、セラピストを通じて影響を与える役割だったわけです。

この変化を図に表すと、図３－１のようになります。結果を先に述べましょう。観察チームの会話を聞いた家族は、それまでとは打って変わって楽観的に会話を進めることができたのです。

いったい、何が起こったのでしょうか？

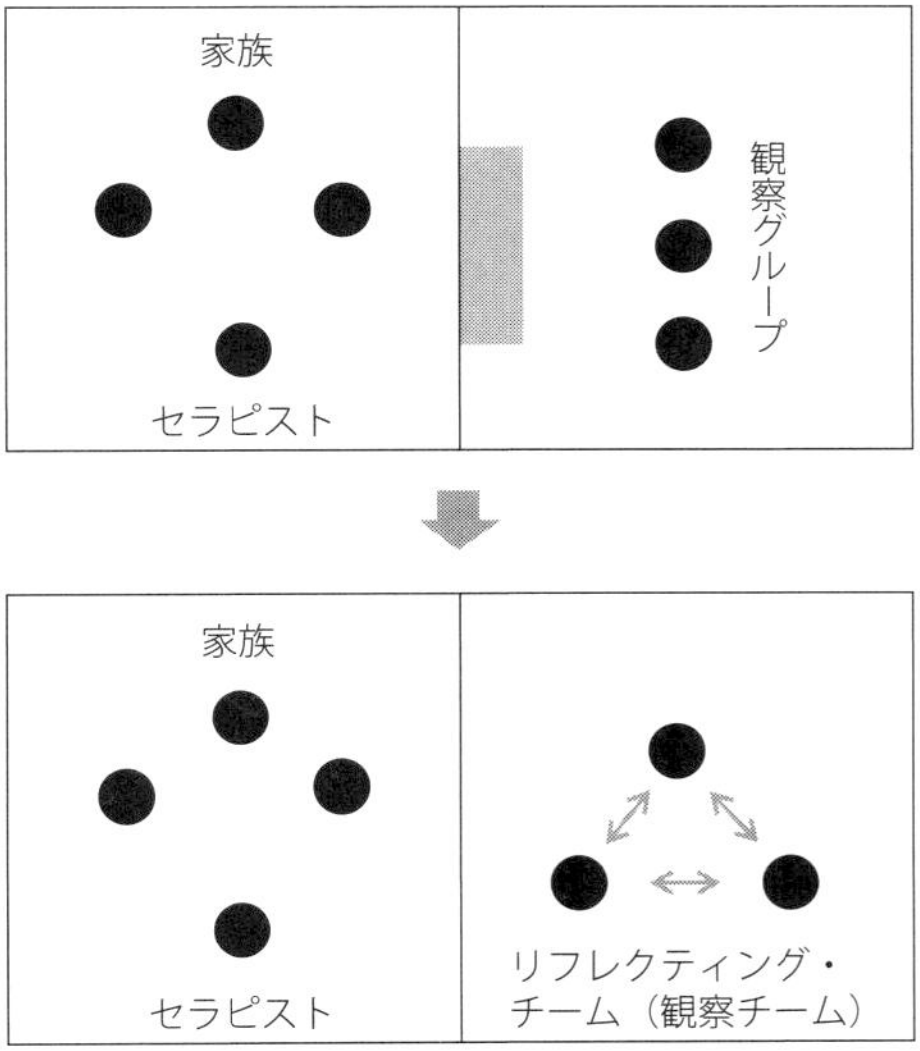


図３−１　家族面接を観察して介入する構造からリフレクティング・プロセスへ

それは、家族が新しいものの見方を獲得することができたということに他なりません。

少なくとも、それまでは悲観的にしか考えることができなかった自分たちの問題について、多少なりとも楽観的に考えることができるようになった。それまでと異なるものの見方や考え方ができるようになった。そしてその結果、楽観的な会話（語り）につながったと考えられます。

このような会話の実践は、後に「リフレクティング・プロセス」(3)と呼ばれるようになりました。家族とセラピストの会話、それを聞いていた観察チームの会話、さらにそれを聞いた家族らの会話、そして……という具合に、家族の会話と観察していたグループの会話を交互に行っていくのです。このようなプロセスを経て、会話に会話が重ねられることで、それまでとは異なる会話が生み出されることになります。つまり、異なるグループによる会話が重ねられることによって、新しいものの見方、大げさにいえば「現実」が生み出されたのです。

私たちは、「新しいものの見方」の獲得を支援するためにカウンセリングや心理援助という手段を用いているといっても過言ではありません。そして、それは決して簡単なことではありません。「楽観的な見方をしなさい」とアドバイスしたからといって、楽観的なものの見方ができるというものではないからです。

ではなぜ、リフレクティング・プロセスではそのようなことができたのでしょうか。また、そのようなことが成り立つための条件とは何なのでしょうか。

その鍵の一つは、会話を行う人たちのあいだの関係性にあるのではないかと私は考えています。

## 5　新たなる意味を生み出す関係性とは

私たちが誰かと会話をしていて、何か新しいことを思いついたり、新しいものの見方を獲得することができる時の相手との関係性とは、どのようなものでしょうか。

相手に対して萎縮していて、言いたいことが言えないような状況では、新しいことを思いついたり、新たなものの見方を見出したりすることはできないと思います。相手から何かを要求されていたり、押しつけられようとしている状況でも同じです。

一方、気の置けない友人と自由なおしゃべりをしている時、あるいは、そのような人と人生について一生懸命に語り合っているような時に、何か新しいことを思いついたり、今までとは異なるものの見方を見つけることができたという経験は、誰しもあるのではないでしょうか。つまり、平等で公平な関係性にある時のほうが、そうでない時に比べ、より活発に新しいものの見方を獲得することができ、会話のなかから何かを生み出しやすいのです。

カウンセリングなどの心理援助の場で、「この人はこのようになったほうがよい」とか「なるべき」とセラピストが考えるならば、そこには「知る者」と「知らざる者」の関係性が生じてしまうことになります。セラピストと相談者（クライエント）の関係は、ともするとそのような関係になりがちです。

セラピストが「正しいこと」を伝えようとして、クライエントがそれを聞く立場であるならば、そこには知らず知らずのうちに上下の関係が生じているかもしれません。「正しいこと」ができないと自分を責める立場にクライエントが置かれるのであれば、事態はよい方向、つまり解決には向かわず、クライエントが自身にとって役に立つものの見方を見出すことはできないでしょう。

さて、話をリフレクティング・プロセスに戻しましょう。

リフレクティング・プロセスにおける会話の進め方にはちょっとした工夫（ルール）があります。それは次のようなものです。

①面接室での会話以外の文脈からコメントしない
②断定的な話し方をしない
③否定的なコメントをしない
④観察チームは、家族のほうを向くのではなく、メンバー同士が向き合って会話を行う

以下、順番にみていきましょう。

「面接室での会話以外の文脈からのコメント」としては、医学的に診断しようとする立場や専門的な立場、あるいは一般常識的な立場からの発言が挙げられます。たとえば、対象である家族の父親はうつ病ではないか、といったコメントは、精神医学的な診断をつけようとする立場です。これは先に触れた「知る者」の立場からのコメントということになります。また、「普通の親ならばこんなふうには振る舞わないはずだが」などは、一般常識の立場からのコメントということになるでしょう。

話は少々逸れますが、日常の会話にあふれている「普通の親なら」とか「普通の家族なら」と言う時の「普通の親」や「普通の家族」は、実際には存在していないでしょう。人の顔が一人ひとり異なるように、家族や親のあり方も同じものは一つとしてありません。「普通の」といわれる場合、その基準は発話者の知っている家族、つまり多くは自分の家族であり、ただ一つだけの家族が基準になっています。みな自分の家族しか知りませんし、それが「普通」だと思っていますから。ましてや、カウンセリングなどのプロが行う相談業務にそのような「普通」といった概念を持ち込むことにはいささかの意味もなく、マイナスにしかならないと私は考えています。

さて、二つ目として「断定的な話し方をしない」ことが求められています。物事には多様な見方があるということがこの実践での前提となっています。よって、唯一の「正しい」ものの見方は存在しません。もしも唯一の見方があると考えるならば、そもそも会話の余地はないし、新たなものの見方を見出す余地もありません。唯一の正しいことがあると考えるのは、繰り返しになりますが、「知る者」の立場になってしまいます。

三つ目は「否定的なコメントをしない」。唯一の正しいものの見方がないのであれば、否定的なコメントも生じることがないはずです。否定されない、責められない状況で初めて、家族は生き生きとし、新しいものの見方を見出せる心のゆとりをもつことができると考えられます。このようなルールのもとで会話をしているという枠組み自体が、安全で安心できる会話のプロセスにつながるものと考えられます。

四つ目は、「視線」に関係しています。非言語的なコミュニケーションも大切であり、家族のほうを向くということ自体が、「家族に対して何かを言う」ことにつながる可能性があります。その「何か」は、「正しいこと」（と発話者が思い込んでいること）なのかもしれません。しかし、誰かから「正しいこと」として伝えられることは、家族に歓迎されるとは限りません。それまでの家族のあり方を否定することになるからです。観察チームが互いを見てコメントすることで、それが「正しい見方」であるというよりも、発話者の考える「ただ一つの見方にすぎない」というメッセージになります。

さらに大切なこととして、アンデルセンは家族に対して、「コメントを聞いてもよいし、聞かなくてもよい」という選択の自由を与えています。自分たちの言うことを聞かなくてもよい、などと考える専門家は甚だ珍しいとしか言いようがありませんが、そこにはやはり、自分たちのコメントはあくまで一つの考えであって「正しい」わけではない、という前提が横たわっています。

このような工夫はすべて、上下関係つまりは縦関係のコミュニケーションから、横関係のコミュニケーションへと転換する努力として捉えることができます。家族は、責められたり、否定的にみられたり、はたまた何かを強制されたりすることのない、安全で安心できる環境で会話を重ねることにより、新なものの見方や意味を見出していくことができると考えられます。

矢原(4)は、会話が家族と観察チームのあいだを行ったり来たりするという時間的な間合いが、自身のなかでの内的な対話と他のグループとの外的な対話を促進し、新たな意味を醸成しやすくなるということについて、さまざまな観点から含蓄のある考察をしています。たとえば、家族との（外的）会話を経て展開される観察チームの会話を聞いているあいだに内的対話が育まれ、さらに家族同士の会話が新たな展開につながっていく。そしてその繰り返しによって、新たな意味が生み出されていくのです。

## 6 カウンセリングにおける新たな意味の創出

ここまでみてきたように、会話そのものには新たな意味を生み出す働きがあると考えられます。また、新たな意味を生み出す条件として、会話を行う者同士の関係が安全で安心できるものであり、平等性が担保されていることなどが挙げられるでしょう。

リフレクティング・プロセスの実践からこれらのことを学ぶことができるわけですが、多くのカウンセリングのセッティングである一対一での会話に、これを応用することは可能でしょうか？

コラボレイティヴ・アプローチを提唱したハロルド・グーリシャンとハーレーン・アンダーソンはその記念碑的な論文で、「知らない姿勢（not knowing）」という概念を提供してくれました[5]。

専門家なのに「知らない姿勢」とは？　と、奇妙に思う人も多いでしょう。しかしながら、相談者（クライエント）が自分の人生がどのようになればよいと思っているのか、もっといえばカウンセリングの時間をどのように使いたいと思っているのか、どのような会話ができたらよいと思っているのかについて、そもそも専門家には知る由もありません。それらはクライエントに教えてもらって初めて明らかになることとです。さらには、そのようなことを問いかけられることによって初めて、クライエントもそれらについて考え、言葉にして語ることができるようになります。

このことと関係する興味深い調査があります。ソリューション・フォーカスト・アプローチ（解決志向アプローチ、ＳＦＡ）が創始された米国・ミルウォーキーのブリーフ・ファミリー・セラピー・センター（ＢＦＴＣ）は、カウンセリングの予約を入れて実際にカウンセリングが開始されるまでのあいだに、「よい変化」が生じた人たちがどのくらいいるかについて調査を行いました。その結果、なんと三分の二（六六％）の人々に何かしらのよい変化が生じていたそうです[6]。これはどういうわけでしょうか。

それについて考える前に、ＳＦＡについて少し紹介しましょう。ＳＦＡは、インスー・キム・バーグとディ・シェイザーによって創始された心理療法です。問題について知るよりも解決について知るほうが有益であるという、まったく新しい考え方を示してくれました。つまり、問題の原因はもちろん、問題がどのように維持されているのかといったことも知る必要がない、としたのです。

私たちは、問題が生じた際、通常は問題についてくわしく知ろうとします。夫婦喧嘩の相談にきた人がいるのであれば、どんな時に喧嘩が生じるのか、どのくらいの頻度で生じるのか、どのくらいの時間続くのか、程度はどのくらいなのか、皿が飛んだり物が壊れたりするのか、などといったことについてまずは知ろうとします。問題のことをよく知らないと、解決の糸口はつかめないと思っているからです。

しかし、SFAでは、むしろ問題のない時について知ることのほうが有益だと考えます。つまり、「喧嘩の生じない時」や、「喧嘩になったけれど、程度が軽くてすんだり、早く終わったりした時」について尋ねるほうが役に立つ、というわけです。たとえば、帰宅した時にどちらかが寝ていた場合は喧嘩が生じないかもしれません。また、どこかに外食に行った時には喧嘩にならずにすんだかもしれません。そもそも、「外食に行こう」という話をした時には少なくとも喧嘩になっていない、ということに注目することもできるでしょう。

このように問題の生じていない時、あるいは問題は生じたけれど軽くてすんだ時のことを、SFAでは「例外」と呼びます。この「例外」は当事者たちしか知らないことですから、当然ながら援助者は教えてもらう立場に立たなければなりません。こういった考え方は、それまでの問題解決に向けての常識を根底から覆すことになったとすらいえます。

SFAは、「例外」をはじめ、本人たちにとっての解決を専門家が教えてもらうという会話によって、「解決構築」を実践します。やはり、「知らない姿勢」が大切です。SFAは一九九〇年代の初め頃にわが国に紹介されましたが、その時の衝撃を私は今でも忘れることができません。

さて、先の疑問に戻りましょう。どうしてカウンセリングの予約をしただけで、よい変化が生じたのでしょうか。

ようやくカウンセリングを受けることができるという安心感や期待感を、その要因として挙げることができるでしょう。私たちも具合が悪い時には、病院に着いた途端、症状が少し楽になったという経験をすることがあります。

しかし、私はそれ以上に大きな要因がそこにあると考えています。それは、「よい変化」について尋ねることそのものです。

私たちは、常に「よい変化」について意識しながら生活しているわけではありません。ましてやカウンセリングを受けようという人は、何かしらの苦しみや問題を抱えている人たちでしょう。そのような人たちが「よい変化」について意識することはあまりないと思われます。

しかし、「よい変化がありましたか？」と尋ねられれば、それについて思いをめぐらすことになるかもしれません。そのような問いかけによって、「よい変化」に光が当たり、みずからそれを探し当てることができるのではないでしょうか。

このようなことから、セラピストが「知らない姿勢」によって問いかけを行う、その人自身がどのようになりたいのかについて教えてもらうという会話のやりとりが、縦関係のコミュニケーションから横関係のコミュニケーションへと移行するための大きなヒントになると考えられます。

こんなことを書くと、「では、セラピストは専門家として何もすることがないのか？」と疑問をもつ人もいるかもしれませんが、そんなことはありません。セラピストには、そのような会話のプロセスをセッティングするという、とても大切な仕事があります。

つまり、クライエントとのカウンセリングにおいてセラピストは、会話が新しい意味を創出し、クライエントのなかに新しい意味やものの見方が生み出されるよう配慮し、それらが促されるように支援する。それが社会構成主義心理療法の目指すところなのです。

近年話題になっているオープンダイアローグは、まさにこのような平等性のうえに立つ会話の実践であるといえます。家族と複数の医療スタッフが当事者（たち）を抜きにして何かを決定することはない、という安心感のもてる状況を設定しています。さらに、診断を行うなど専門家としての立場からコメントを行うのではなく、問題を抱えた本人をはじめ、家族のさまざまな捉え方や考え方を尊重し、否定することなく会話に取り込んでいきます。そうして、本人と家族が十分に納得いくストーリーを見出すプロセスをスタッフは支援していきます。多くのものの見方、さまざまなストーリーラインが示されるなかで、家族にとってより好ましく納得のいくストーリーが見つかることにより、次第に当事者や家族が落ち着きを取り戻していくことが見出されています。

## 7　ナラティヴ・セラピーの会話のプロセス

ナラティヴ・セラピーの会話のプロセスには、この章で述べてきたような配慮や工夫がそこかしこに散らばっているように思えます。

「外在化する会話」では、人を問題とせず、また人間関係にも原因を求めず、問題だけを問題とします。そうした前提において、問題を抱えた本人は責められる立場から解放されることになります。問題を抱えること自体が原因追及による悪者探しにつながってしまうことがある、ということについては前章で述べました。

また、社会の文化や価値観によって「常識」がつくられていくのと同じように「問題」もまたつくられていく、ということについても述べました。よって、問題を抱えている人は、社会によって「問題として認識されている状況」そのものに苦しめられているという表現もできるわけです。

社会によって認識された「問題」によって苦しめられている、ということは、その人がその人らしく生きることが困難になっている状況です。その人がその人らしく生きるということについては、他の誰かが知っていることではありません。もちろん、「専門家」であるセラピストにわかるはずもありません。

問題を外在化する、そしてその人がその人らしく生きていくことについて教えてもらうという会話のプロセスを歩むこと自体が、クライエントに敬意を払うことになります。そして、先ほどから繰り返している縦関係でなく横関係の会話によって、また問いかけられることによって、まさに新たな意味が生成され、新たなストーリーが見出されることになります。

このように考えてみると、ナラティヴ・セラピーの提供してくれる会話のプロセスは、それを実践することによっておのずとクライエントに敬意を払う会話につながるという仕組みになっているのではないかと私には思えてくるのです。このことについては、のちの章であらためてくわしく述べたいと思います。

第4章　回復のストーリーを紡ぐ会話
——相手の希望に光を当てる

前の章では、支援の対象となる人（たち）との対等な関係が、会話を広げることに寄与し、新たなストーリーをともに紡ぐことにつながるということについてお話ししました。

具体的な実践として、ミラノ派の家族療法からリフレクティング・プロセスが生まれた経緯、ナラティヴ・セラピーのほか、コラボレイティヴ・アプローチやSFAなどの実践についても触れました。

ミラノ派の家族療法の流れから、リフレクティング・プロセスへの発展には、特別な意味合いがあると私は思っています。それは、セラピスト（チーム）による家族への計画的な介入という立場から、家族との協働による現実構成への転換です。もちろん、計画的な介入も一つの現実構成であるといえるのですが、あくまでそれはセラピスト（チーム）による一方的な呈示です。他方、リフレクティング・プロセスは、セラピスト（チーム）によって一方的に物語がつくり出されるものではありません。

簡単に述べるならば、専門家による家族へのアプローチという立場から、セラピストと家族の協働による物語の創出への移行です。それまでの心理療法も社会構成主義による説明や解説は可能であるわけですが、リフレクティング・プロセスは社会構成主義の考え方をそのまま実践する初めての試みといってよいでしょう。

批判や強制、押しつけのないコミュニケーションのなかで、初めて人は自分の好みのストーリーを選ぶことができるのだと私は考えています。

前述したようにリフレクティング・プロセスでは、家族は観察グループの話を「聞いてもよいし、聞かなくてもよい」と伝えられます。このこと自体、心理援助の領域では異例のことです。たいていは、いかに自分の話を聞いてもらうか、よい影響を与えるためにどう伝えるべきかについて、セラピストたちは一生懸命になるものです。なぜならば、当然ですが、セラピストは解決の専門家とされているからです。

いうなれば、「よい方向に向かわせなければならない。解決しなければならない」というプレッシャーが、セラピストには常にかかっています。このプレッシャーによって、「何かを変えなければならない」あるいは「変えさせなければならない」と考えることになり、それが家族や目の前の人に対する押しつけにつながることが少なくありません。

そして、家族、あるいは個人に対して押しつけになってしまうと、家族や個人の望むストーリーの探索を阻むことになるでしょう。

## １「問題行動」はやめさせることが先決なのか？

アユミさんは中学三年生の女子で、次の年には高校受験を控えています。しかし、仲間とタバコを吸う、外泊を繰り返す、学校の先生とトラブルが繰り返されるなどの「問題行動」があるとされていました。

お母さんの心配は、アユミさんがまったく勉強をせずに遊び歩くうえ、しょっちゅう学校の先生とトラブルを起こすことでした。学校で何かトラブルが生じると先生から家に電話がかかってきて、お母さんは先生に平謝りすることになります。

お母さんの我慢も限界に達し、というよりも娘にどのように接したらよいのかわからなくなってしまい、精神的にかなり参っている状況です。お母さんのお友だちが、すっかり元気のなくなっている状況を見るに見かねてカウンセリングを勧めてくれました。

しかし、アユミさんは、カウンセリングなんて不本意です。お母さんに促されて仕方なく一緒にやってきました。当然ながらブスッとしています。

お母さんは、子どもの「問題行動」をなんとかしてもらいたい。子どもは無理やり連れてこられている状態なので何も話したくないし、何かを変える気持ちなんてない。なくはないかもしれないけれど、少なくとも前向きなことは表明しづらい状況です。

このような状況では、もちろんセラピストが説教しても行動の変化は生じるはずがありません。でも、親の心配ももっともです。あちらを立てればこちらが立たない。

いかにアユミさんのことが心配かを涙ながらに語るお母さんの話を一通り聞いたのち、セラピストはアユミさんに問いかけてみました。

「アユミさんの勉強への『やる気』がしぼんでしまったのは、どのようなことによるのでしょうか？」

「それは、先生がわかってくれないから」

アユミさんはイヤイヤながらも答えてくれました。

「そういえば、先ほどのお母さんの話では、友だち同士ではケンカはないって言っていたのに、先生とのあいだでトラブルになるというのは、そのあたりのことが関係しているのでしょうか？」

「真面目な子が同じことやっても叱られないのに、私たちだけ叱られる。それはえこひいきだと思います」

「すると、もしかしたら、『トラブル』というよりも、先生の不公平に対する『抗議』という感じだったりしますか？」

「そうそう、その通りです」

初めこそ口の重かったアユミさんですが、このあたりになると語調が強くなり、セラピストの目を見て話してくれるようになってきました。

そこでセラピストは、お母さんに問いかけてみました。

「アユミさんが、こんなふうに何だか友だちを代表して『不公平に抗議する』というようなところは、小さい頃からアユミさんをみていて、合点のいくところがありますか？　あるとしたら、どのようなところでしょうか？」

「そういえば、この子は、小さい時から正義感が強くて、たとえば公園で小さい子がいじめられていたら、すぐに飛んでいって助けたりすることがけっこうありました。そして、いじめられていた子の親御さんから私に感謝が伝えられた、なんてことがよくあったんです。そういう正義感とか人を思いやる気持ちなども、もしかしたら関係しているのかもしれないですね」

アユミさんは、少し満足げな表情のようにみえます。

そこで再びセラピストは、アユミさんに話しかけてみました。

「お母さんは、アユミさんの勉強のことも心配されているようですけど、ご自身ではいかがでしょうか？」

「私は私なりにやれる範囲でやっているんですけどね」

「おっ、そうなんですね。どのような時ですか？」

「たまに宿題やったり、試験前は勉強したり。たまーにですけど」

「えっ、そうなんですね！　けっこういろいろと大変そうなのに宿題をする時があるってことは、勉強に対する『やる気』が完全になくなってしまっているわけではないのかな、と思うのですが、いかがでしょうか？」

「まあ、受験もありますから。でも、ちゃんとやれてるってわけでもないんですよね」

「何が『やる気』の邪魔をしている感じでしょうか？」

「先生とトラブったりすると、『どうでもいいや』って気持ちになるんです」

「なるほど。やる気がないわけではないけれど、いろいろとトラブルが起こっちゃうと何だか『やけっぱち』が出てくるような、そんな感じでしょうか？」

「そうですね」

「では、『やけっぱち』と『やる気』の割合はどのくらいでしょうか？　そして、それは以前と比べてどのような違いがあるでしょうか？」

「前は、一〇：〇で完全にやけっぱちに負けていました（笑）。最近は、そうですねえ、五：五くらいでしょうか」

「おっ、だいぶ負けないでやれるようになってきたのでしょうか。それには、どのようなことが役に立ったのでしょうか？」

「うーん、お母さんがよく話を聞いてくれるのがいいのかもしれません。以前よりも『わかってもらえてる』という気がします。それで気持ちが落ち着いてきたから、少し勉強でもやってみようかな、って気持ちになるんです」

「お母さん、いかがでしょうか？」

セラピストはお母さんに尋ねてみました。

「私も以前よりあまり動揺しなくなって、娘の話を聞いて、気持ちを理解することができるようになった気がします」

セラピストは、あんなに不安がっていたお母さんが「動揺しなくなった」と言うので、驚いてさらに尋ねました。

「お母さんが不安に負けないようになれたことに役立ったのは、いったい何だったのでしょうか？」

「実は夫（アユミさんの父親）が、以前は娘のことは私に任せきりだったんですけど、最近は娘とよく話してくれるようになって、娘の気持ちを私に解説してくれるんです。夫も昔はやんちゃをやってたみたいで、娘の気持ちがよくわかるそうです。自分の出番だって思っているようで（笑）。それから、学校とのやりとりもしてくれるようになったんです。以前は全部私が対応していたんですけど。それで、娘の話を聞くゆとりが私にできたような気がします」

面接の終了後、アユミさんとお母さんは、にこやかに帰っていきました。

その後、お母さんは、何度かアユミさんのことを報告しにきてくれました。相変わらず友だちとはよく遊んでいるようですが、お母さんは「娘を信頼できるようになった」と語り、カウンセリングの終了を希望しました。もちろん、セラピストは了承しました。

初めは娘のことが「不安で不安でたまらない」という様子で語っていたお母さんでしたが、アユミさんなりの気持ちを聞き、自身の行っている「娘の話を聞く」ことが事態の改善に役立っていることが確認できたようでした。また、夫との協力関係がうまくいっていることについても見直すことができたと思われます。

「娘への信頼の回復」が、お母さんの求めていることだったようです。夫との協力関係ができ始め、娘とのコミュニケーションが改善したことが信頼の回復につながったようですが、決してセラピストから「娘を信じましょう」などと提案されたわけではありません。

アユミさんの学校の先生とのトラブルが、友人たちへの思いやりに関係する可能性についての話や、勉強に対するやる気に関する話、そのような話を聞いていくなかで新たなプロットに光が当たり、アユミさんへの信頼のストーリーへとつながっていった。そのようにみることができるのではないでしょうか。

## 2　子どもの希望を叶えてあげるのは甘やかすこと？

### 「家の居心地がよすぎる」のが悪い!?

不登校やひきこもりの問題が生じると、家族は周囲からのアドバイスによって混乱してしまうことが少なくありません。自信満々で子育てしている人などそうそういませんから、何か問題が生じると、「あれが悪かったのか」「これが悪かったのか」などと考え、「夫が子どもとかかわらないから」とか「妻が甘やかすから」などといった原因追及を行ってしまいます。

周囲の人も、よかれと思っていろいろとアドバイスをしてくれます。そのなかに、「家の居心地がよすぎるから、学校に行けないんじゃないの?」というものがあります。

「居心地がよすぎる」というのは、このような問題が生じた時には、家族にとってほめ言葉には聞こえません。「甘やかしている」と聞こえることでしょう。まあ、言った人もおそらくはそう思っているのでしょうが。

それを聞いた家族は、「居心地を悪くする」ことに一生懸命になったりします。お小遣いをカットしたり、ゲームを取り上げたり、テレビを禁止したり。まるで兵糧攻めのように子どもの楽しみを取り上げようとします。

もちろん、子どもも必死に抵抗しますから、大きなトラブルに発展することもあります。子どもの抵抗のあまりの激しさに方針変更を余儀なくされ、気まずさやギクシャクした関係だけを引きずってしまうことも珍しくありません。そうなると親は、自分たちの不甲斐なさにまた落ち込むことになるでしょうし、子どもは親への不信感を募らせることになってしまいます。

何でも好き放題にさせればよい、といっているのではありません。大切なのは、好き放題の「好き」のプロットが、元気の回復のストーリーに位置づけられているのかどうか、ということです。

この「好き」ということについて、ちょっと考えてみましょう。

学校に行けない、社会に出ることができないという子どもや若者は、ゲームやスマホ、テレビなどが本当に好きなのでしょうか。もしも楽しむことができているのであれば、元気の回復につながると思います。でも、たいていはそうではありません。むしろ「ゲームやパソコンにしがみついている」という表現のほうが当てはまるケースも多く見受けられます。そのような時に無理やりそれを取り上げるならば、それはただ親子の関係を悪くするにすぎないかもしれません。

## 子どもの不登校に悩む両親との会話

ここで、コウゾウくんの家族のお話を紹介します。

コウゾウくんは中学二年生ですが、ある時から学校に行けなくなってしまいました。原因はさっぱりわかりません。両親が尋ねても何も答えてくれません。学校の先生も思い当たるフシがまったくないそうです。

原因がわからないとお手上げです。とりあえず、両親はカウンセリングに行ってみることにしました。

両親は、コウゾウくんもカウンセリングに誘いました。しかし、よくあることですが本人は一緒に行くことを断り、仕方なく両親だけがカウンセリングに訪れました。

両親はセラピストに、コウゾウくんの現在の状況について伝えました。朝、両親がいくら起こそうとしても起きることができません。両親が仕事に出かけた後、しばらくしてようやく起きているようです。お母さんがつくっておいたお昼ご飯はちゃんと食べています。夕方お母さんが帰ってくると、コウゾウくんはずーっとリビングでゲームをしており、「いつまでやってんの」と注意すると、自分の部屋にこもってしまいます。夕飯時には、居間に降りてきてご飯を食べますが、すぐにまた自分の部屋にこもります。どうやら部屋でもゲームをしているようです。

セラピストは、これまで両親がどのようなことを試してきたのかについて尋ねてみました。お母さんは、知人から「家の居心地がよすぎるから外に出ることができないのでは?」と言われ、なるほど、と思ったそうです。そこで、お昼ご飯をつくらないようにしたり、ゲームを取り上げて隠したり、インターネットを使えないようにしたりしてみたそうです。

しかし、お母さんがお昼ご飯をつくらないと、コウゾウくんは自分でご飯をつくることもなく、お菓子などですませたり、お菓子も置かなければ何も食べないようでした。さすがに身体を壊してはいけないと思い、お昼ご飯はつくっておくようにしたそうです。

ゲームは隠してもいつの間にか見つけ出すし、ネットもなぜかキーワードを探し出して利用できるようにしてしまいます。

「妙なところには知恵が働くんです」と両親は苦笑いをします。

「では、今はどうされているのですか?」とセラピストは尋ねました。

「ゲームなどは、今はもう好きなようにさせています。いくら言って聞かせてもダメですし。やることだけやればいい、ということになっています」とお母さん。

「やることって？」

「といっても、ペットの世話くらいなんですけどね」

「えっ⁉　ペットの世話をしてるんですか？」

「小さい頃から動物が好きで、世話はコウゾウの役目です。ペットショップによく出かけて、お店の人と動物の話で盛り上がったりするんですよ」

「お店の人と話すんですか？」

「お店の人だけでなく、そこにきている他のお客さんと話すこともあります。そこは平気みたいですね」

「そうなんですね。すごいですね。それはコウゾウくんのどのような部分なのでしょうか？」

「まあ、動物好き、ってことでしょうけど。人が嫌というわけでもないのでしょうかね」

「でも、学校を休み始めた時は、ペットショップに行かない時期もちょっとあったよね」

お父さんが珍しく会話に入ってきました。

「そうそう、そうでした。お店にまた行くようになったのは最近ですね」

「そうなんですね。他にはどのような変化がありますか？」

「まあ、前よりは話をしてくれるようになったし、表情も少し柔らかくなったでしょうか」

「それは、お父さん、お母さんがどのような工夫をされたのでしょうか？」

「別に……とくにはないんですけど。勉強のこととか学校のことを、あまりガミガミ言わなくなったからでしょうかね」

「どうしてそんなことができたんでしょうか?」

「まあ、言っても無駄ですし、どんどん家の雰囲気も悪くなるし……」

「では、今はどちらかというと、コウゾウくんと会話ができることなどを大切にしている、ということでしょうか?」

「まあ、そうですかね」

「でも、コウゾウくんとの会話が徐々に増えてきて、本来のコウゾウくんらしさが戻ってきた。そして動物の世話ができるようになってきたというのは、よい方向に行ってるのかな、と思いますが、いかがでしょうか?」

「言われてみると、まあ、落ち着いてきたのはたしかだと思います」

夫婦は互いに顔を見合わせてうなずきました。

コウゾウくんとセラピストが会うことはありませんでしたが、両親とのカウンセリングは、その後数ヵ月にわたって続けられました。

両親との主な会話は、本来のコウゾウくんらしさが戻ってくること、家族の会話が戻ってくることなどのために、お父さんとお母さんがどのような工夫をしているのか、という内容でした。新しいことを試みるというよりも、すでにうまくいっていることをともに見つけるという感じです。

ある時、両親はこんなことを報告してくれました。

コウゾウくんが、以前から欲しがっていた生き物をどうしても飼いたいと言い出したそうです。コウゾウくんの家にはすでに数種類のペットがいます。コウゾウくんは新しいペットも自分で面倒をみる、と言っているそうです。

ところが、欲しがっている生き物は、かなり手間のかかるペットです。両親は真剣に悩み、何度もこのことについて話し合いました。もしもコウゾウくんがペットの世話を放棄したら、その負担は当然ながら両親にのしかかってきます。二人とも仕事が忙しく、とてもペットの世話まで手が回らないのは明らかです。

しかし、かなりの熟考ののち、両親はその生き物を飼うことに決めました。お父さんに言わせると、清水の舞台から飛び降りるつもりの一大決心だったそうです。

コウゾウくんはとても喜んだそうです。その生き物の世話の仕方をくわしい人に習い、きちんと育てることができるようになり、コウゾウくんも何だか自信を回復しつつあるようにみえると両親は報告してくれました。

ほどなくして、コウゾウくんは徐々に学校に戻ることができたそうです。

コウゾウくんは、たしかにゲームが好きなようでした。学校を休み始めた当初、両親は昼間からゲームをするコウゾウくんをたしなめていました。つまり、ゲームをやめさせて勉強をやらせる、あるいは学校に行かせるようにいろいろと試みていました。しかし、うまくいきませんでした。

セラピストは、本来のコウゾウくんらしさの残っているところ、また、本来の家族らしさや家族の会話といったプロットに光が当たるように会話を進めました。

本来のコウゾウくんの姿や本来の家族らしさ、そして家族の会話については、セラピストには知る由もありません。ですから、教えてもらうことしかできません。それらが損なわれずに残っているのはどのようなところか、どうやって残すことができているのか、あるいはどうやって回復してきたのか。それらについて教えてもらう会話のプロセスを通して、コウゾウくんや家族は、「不登校」という問題から徐々に切り離されていったとみることはできないでしょうか。

この章で触れたように、不登校やひきこもりの問題には、たくさんの「あたりまえ」が付きまとい、家族は苦しむことになります。次の章では、不登校やひきこもりの家族や本人から教えてもらった回復のプロセスについて紹介したいと思います。

第5章

# 不登校・ひきこもりに悩む家族との会話

## ――コミュニケーションの回復に向けて

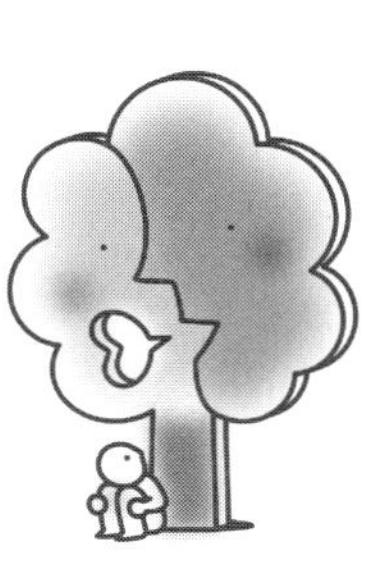

不登校やひきこもりの問題では、本人や家族に原因を求めても解決に役立つことはあまりないと私は考えています。個人の特性や病理から理解する、という視点も大切ではあるでしょう。しかし、個人のありようには家族とのコミュニケーションが影響しています。ですから、家族とのコミュニケーションという視点を抜きにして、この問題を考えることはできないはずです。

子どもの不登校やひきこもりの問題で両親がどこかの機関に相談に行くと、「子ども本人がこなければ意味がない」とか、「本人さえくれば薬で改善する」などと言われることがあるようです。また、「生活リズムさえ整えればよくなる」と言われるケースも耳にします。

いずれも正論かもしれません。しかし、困っている家族には役立つアドバイスとはいえません。病院やクリニックに本人が行かないか、行けないことそのものに困っているのですから。そういう意味で、家族療法の専門性がこのような状況での支援には必須であると考えられます。ナラティヴ・セラピーが家族療法の文脈から派生したと考えるならば、これもまた無関係ではないでしょう。

この章では、ナラティヴ・セラピーの視点を中心とした説明を試みます。また、家族におけるコミュニケーションの相互作用という視点も、必要に応じて加えてみたいと思います。

## 1　何かが悪いから問題が生じる？

不登校やひきこもりの問題では、本人や家族はさまざまな「あたりまえ」という常識に苦しんでいる、と捉えることができます。

たとえば、「学校に行くのはあたりまえ」とか、「ある年齢に達すれば仕事をするのがあたりまえ」という社会に私たちは暮らしているからこそ、そうできない場合に苦しむことになります。「これらは社会で共有されている価値観ではあるが、全員がそうでなければならないことでもない」と、理解を示す人も多いとは思います。しかしながら、本人や家族は、「どうして自分だけが」あるいは「どうしてうちの子だけが」行けないのか、できないのかと悩んでいることでしょう。

また、不登校やひきこもりの問題が生じると、親は周囲から「育て方が悪い」などと指摘されること、あるいはそのようにみられていると感じてしまうことが少なくありません。つまり、「親は子どもを学校に行かせてあたりまえ」とか、「社会に送り出すのがあたりまえ」という考え方に苦しめられているといえます。

これらの問題を抱えた家族が周囲の人に相談した際に、その人から「私のところも同じようなことがあったわよ。でも、○○したら行けたわよ」などと言われることがよくあります。「○○」はさまざまで、たとえば「強く叱ったら」とか、反対に「よく話を聞いてあげたら」などが当てはまるようです。

しかし、当事者家族の多くはたいていそれらのことはすでに試しているものです。にもかかわらず、「○○をしたら解決する」と言われると、まるで「○○をちゃんとしていないから問題が起きる」と言われているように感じ、「○○が足りなかった……」と自信を失ってしまうでしょう。つまり、「すべきことをしていないから問題が生じた」と考えてしまうわけです。アドバイスしてくれた周囲の人も、「普通の家庭で行っていることを怠ったから問題が生じている」と考えているかもしれません。それが何であるかはあいまいでも。

しかし、不登校やひきこもりは、家族や本人の「何かが足りなかったから」とか「何かを怠ったから」、あるいは「何かを間違えているから」生じるわけではありません。もちろん、本人や家族の誰かの人格や、周囲との人間関係の問題でもありません。決して何か一つのことだけが原因となって生じるものではないのです。

さらに、私のこれまでの経験からは、仮に原因（と思しきこと）がわかったからといって解決できるわけではありませんし、原因がわからないからといって解決しないわけでもありません。つまり、「原因」と「解決」は、必ずしも一対一で対応するものではないのです。先に述べたように、「原因は何か」を探ること自体が、問題をこじらせることにすらなります。ナラティヴ・セラピーでは、このように、不登校やひきこもりについても、それを個人や人間関係の問題と捉えること自体に異議を唱えます。

というわけで、本人や家族に原因を求めてもよいことはないのですが、家族の協力は大切だと私は考えています。しかしながら、家族も解決に向けて努力をしているにもかかわらず、事態がよい方向になかなか向かわないように感じてしまうのがつらいところです。家族は一生懸命に子どもにかかわろうとしますが、会話すらままならないことも珍しくありません。家族からは、次のような疑問が寄せられることがあります。

「会話ができないのは、本人があきらめてしまっているせいでしょうか?」

## 2　本人があきらめてしまっている？

結論からいうと、そんなことは決してありません。自分のことです。真剣に考えていないはずがありません。ただ、前向きに考えていることをそのまま表明できない状況である、と捉えることができます。なぜでしょうか。

まず、学校や社会に出ることができないことで本人は、非常にプレッシャーを感じやすい状況に置かれています。また、親は焦っている状況であることも理解できるでしょう。

そのような状況で、本人が前向きなこと、たとえば「勉強でもしようかな」とか「仕事探そうかな」などと言ったら、どうなるでしょうか。親は歓喜し（大げさではないでしょう）、すぐにいろいろと準備や段取りを整えようとするかもしれません。しかし、本人はまだ十分に元気のない状態、自信のない状態です。そのようなことになると、本人はどのように感じるでしょうか。

当然ながら、ますますプレッシャーを感じてしまうでしょう。

つまり、仮に心のなかで本人がいろいろと考えていることがあったとしても、それを表明することによって、周囲からのプレッシャーはますます強まってしまうのです。本人にも当然そのことは予想できますから、前向きなことにはまるで関心がないかのように振る舞います。

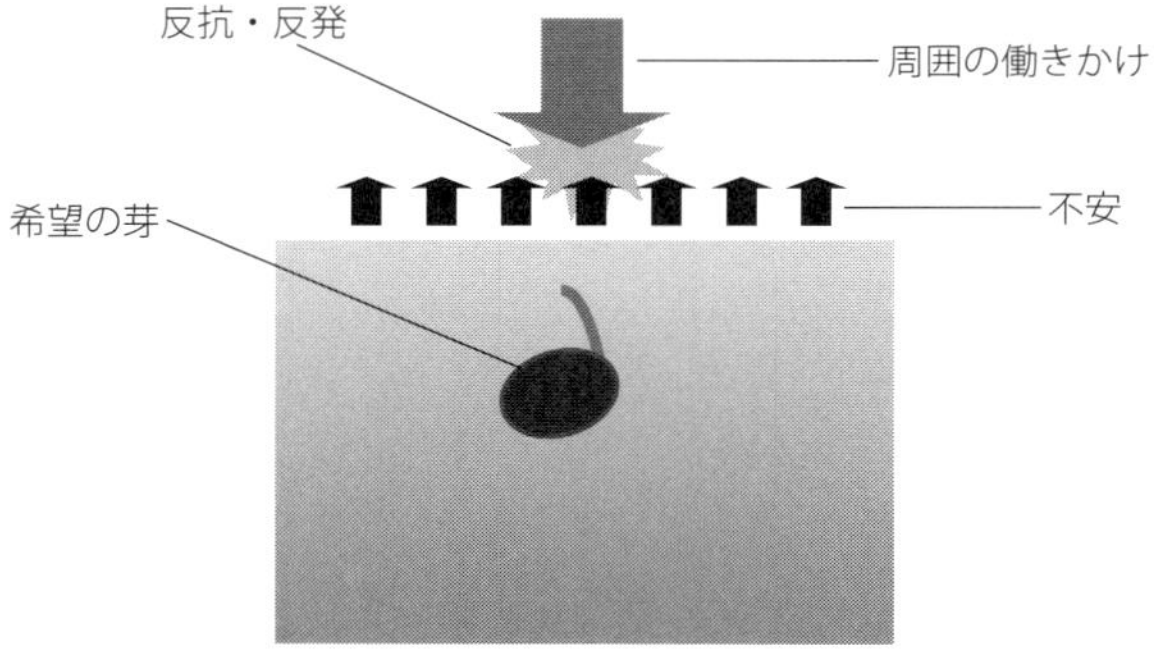


図5－1　反抗・反発の下にある希望の芽

ときどき、将来についての前向きな考えを家族の誰か（たとえば母親）に話したとしても、他の家族（たとえば父親）に対しては口止めをすることがあります。プレッシャーをかけられたくないからです。

また、こっそりとアルバイトの求人広告を見ていたりしても、家族にはその素振りを見せず、何かの拍子にその形跡が見つかることもあります。家族にとっては前向きな驚きなのですが、本人が話してこないので、まさか本気ではないだろうと考えます。しかし実際には、本気であるけれど、まだ家族に公言できるほどの自信はない、という状況なのではないでしょうか。

不安が強い状況では、強制されることには反発することしかできないものです。このような状態は、図5－1のように、表面的には家族からの勉強や就労への圧力に対して反発しているけれど、外から見えない地中では、種から芽が少しずつ伸びてきている、そのようなイメージで想像することができます。

家族としては、ついつい一足飛びの解決を焦ってしまいますので、少しくらいの前向きな行動、たとえば求人広告を見ているといったわずかな変化は、変化とは認めることができず、目に留まることはありません。セラピストは、そのような「前向きのかけら」を家族とともに丹念に探し、その芽がカタツムリの角のように引っ込まないように大切に育てることについて、話し合うことが大切です。

## 3　家族は余計なことをせずに見守るしかない？

家族が本人に何かをさせようとすると、ついケンカになってしまうのはよくあることです。そうすると、たとえば周囲の人や支援する人から、「いろいろ言わずに見守りましょう」とか、「本人を信じて見守りましょう」などと言われることがあります。

しかし、家族としてはそんなこと言われなくとも百も承知です。が、それができないのが苦しいところなのです。心配ですから。家族にとって「見守りましょう」は、「何もするな」と聞こえてしまうに違いありません。

わが子のことが心配でたまらないのに「何もするな」と言われると、余計につらくなります。また、「本人を信じて」とか「本人のペースで」などと言われても、よくなる根拠もないのに信じることなどできないかもしれません。

家族はどこからか、「三〇歳までに社会復帰しないと、その後の社会復帰が難しくなる」といったことを見聞きして、とても焦ることがあります。統計としては、そのようなデータがどこかに存在するのでしょう。しかし、これは論理の逆転です。仮にそのような統計があったとしても、実際のデータはおそらく「ひきこもりから社会復帰した人の年齢は三〇歳以下が多かった」というものであり、「三〇歳までに社会復帰しないと手遅れになる」ということを意味するわけではないはずです。また、当然ながら三〇歳というラインは便宜的に引かれたものなので、三一歳で復帰した人たちもいるはずです。

だから、三〇歳までに何が何でも復帰させなければならない、ということにはならないのですが、とにかく焦ってしまうのが家族の気持ちです。そこでセラピストから「見守りましょう」などと言われても、根拠のない悠長なアドバイスにしか聞こえないかもしれません。

しかし、実はセラピストにもプレッシャーがかかっているのです。わが子がひきこもっていて焦る家族を前にして、「何かを言わなければならない」というプレッシャーです。家族が焦って社会に出ることを本人に促せば促すほど反発される、ということがみてとれるので、「ガミガミ言うのが悪い」と考え、「見守りましょう」となってしまうわけです。

セラピストは、「見守りましょう」という以外のことについて話し合えるようになれるとよいのですが、それは決して「正しいこと」を伝えることを意味するわけではありません。では、どうしたらよいのでしょうか。その話はしばしお待ちいただき、ひきこもる本人と家族のコミュニケーションについて、もう少しみていきましょう。

## 4　そんなつもりはないのにプレッシャーになるのはなぜ？

不登校やひきこもりの状態にある若者は、他者の言葉に敏感になっています。何を言われてもプレッシャーに感じてしまうほどです。

学校や仕事などで外に出ることのできない状況では、本人は、常に「学校や仕事に行きなさい」と言われているように感じています。あるいは、周囲はそう言いたいと思っているに違いない、と考えてしまうのです。

しかし、仮に少しでも前向きなことを言ったならば――たとえば「勉強しようかな」とか「学校行ってみようかな」など――当然、「よし、頑張れ！」と言われるだろうと考えます。また、「行きたくても行けない」などと困りごとを口にしたら、「じゃあ、病院に行きなさい」とか「カウンセリングを受けなさい」などと言われるかもしれない、と考えます。

つまり、動けない理由、前向きなこと、困りごと、これらの何を言っても、周囲からさらなるプレッシャーをかけられ、動かねばならない状況に追い込まれるのではないかと不安でたまらないのです。そうなると、まだまだ動くことに自信のない状態では、何も言い出すことができなくなります。

また家族は、「自発的に動きなさい」と言うものの、たとえば本人が「学校をやめて働く」などと口にすると、「それはダメ」と言うことがあります。このような状況は、「自立のダブルバインド（二重拘束）」として理解できます。つまり、「自立しなさい」との指示を出すと同時に、本人（子ども）が自分なりに考えて動こうとすると「そのやり方ではダメ」としてしまうのです。言われるほうとしては、動かなくても文句を言われ、動いても文句を言われ、どうしたらよいかわからなくなります。

夫婦関係でも、このようなことは起こりますよね。たとえば、妻が夫に「たまには家事を手伝ってよ」と指示をして、夫がおぼつかない手つきで食器を洗ったりすると、「ダメダメ、そんなやり方じゃあ」などと言われてしまう。家事へのダメ出しについて「家事ハラスメント」などという言葉もあるようですが、とにかく、何もしなくても文句を言われ、しても文句を言われるという苦しい状況があります。不登校やひきこもりの若者は、このような状況に置かれているとみることができます。

## 5　本人が家族を責めるのは、家族が悪いから？

つらい状況にある若者は、常にイライラしています。今の状況に対して不満だらけですから。もちろん、自分を責めてもいますが、他者も責めたくなります。だから、目の前にいる人、とくに家族を責めるのです。イライラしているところに目の前に家族がいると、「家族が悪い」となってしまうでしょう。

また、過去のことをあれこれ持ち出して、「あの時あんなことをやらせたから今のような状況になった」と言って、家族を責め立てることがあります。このように言われてしまうと、親としては「やはり、あの時のあのやり方は間違っていた。自分たちのやり方が悪かったせいでこうなった」ということになり、親としての自信をなくしてしまうことにつながります。

しかし、家族のそのような受け止め方は必ずしも妥当であるとはいえません。人は誰でも現在の境遇に満足でなければ、過去を振り返る際には否定的なことばかり思い出す、という性質があります。つまり、つらい状況の時に過去を思い出すと、つらいことしか頭に浮かばないわけです。つらい時に楽しかったことなんて思い出せません。

よって、「あの時もそうだった、そしてまた別のあの時も」という具合に否定的な体験を次々と思い出し、ますます落ち込んでしまいます。しかし、自分を責めることはあまりにつらく、内省するまでのゆとりや元気はまだありませんから、家族のせいにしてしまわないと自分を保つことは難しいのです。

しかし、その状況はずっと続くわけではありません。

回復する過程で落ち着きが出てくると、必ず過去のよい出来事も思い出せるようになり、家族とそのことについて会話することができるようになってきます。さらには、家族に対して感謝の言葉を述べたりできるようになります。

ですから、つらい状況にある若者が過去を振り返って家族を責めたとしても、そのことで家族は悩むのではなく、まだまだつらい状況にあるのだと、本人の精神状態のバロメータとして受け止めることが現実的です。そして、徐々によいことについて思い出せるようになれば（必ずなるのです）、前向きな方向に進んでいると受け止めればよいと思います。

## 6　行けなくなった理由を話してくれないのはなぜ？

なぜ学校に行けなくなったのか、なぜ仕事に行けなくなったのか、それらの理由について、本人が家族にすぐに話してくれるとは限りません。

しかし、家族としては「理由を話してくれさえすれば助けてあげられるのに」と考えますから、とても残念な気持ちでいっぱいになります。だから「どうして？」と問いかけ、時には詰問になってしまうこともあります。そうなると、本人は家族を避けたくなります。

不登校になった子どもが、最初の頃は理由について話さなかったのに、二、三年経ってからようやく家族に話してくれることがあります。そのような例をみると、理由を話さないことには、少なくとも二つの「理由」があるようです。

一つめは、自分でも何が理由かわからないということ。大人でも、ストレスになるような事柄は言葉にすることがなかなか難しいものです。後で「何であいつにあんなことを言われないといけないんだ」なんて思っても、その時はなんで嫌な思いをしているのかわからなかったりします。ましてや、成長の途上にある子どもや若者の場合、自分のつらいことを表現する言葉をまだ獲得していないことがあります。そのため、二、三年経ってようやく「あの時、あんなふうにからかわれたのが嫌だったんだ」と言葉になり、家族に話せるようになるのです。

もう一つの理由は、家族との関係性です。先ほどから述べているように、家族との会話でプレッシャーを感じやすい状況ですから、仮に学校に行けない理由について言語化できたとしても、それを家族に話した場合、どのような反応になるのかということに対する不安が強い可能性があります。家族はたとえば「それなら学校の先生に言おう」と考えるかもしれませんし、

「そのくらいのことで」と本気で取り合ってくれないかもしれません。家族が自分の気持ちを理解してくれる、なおかつ話してもプレッシャーを与えられない、という安心感がもてないために、話すことができない。つまり話すための関係性がまだ回復していない、とみることができます。

いずれにしろ、行けなくなった原因にこだわると、解決に向けてのコミュニケーションが滞ってしまうように思います。何がつらいのか、つらかったのかについて耳を傾けるのはとても大切なことです。しかし、本人が進んで話さない限り、無理に聞き出そうとはしないほうがよいと思います。家族が本人に詰問することでトラブルになれば、互いにくたびれ果ててしまう結果になるでしょう。

## 7 「肝心な話」から逃げても大丈夫？

本人は行けなくなった理由を話すのが難しいこと、前向きな考えを表明しづらい状況にあることをここまでで述べてきました。しかしながら、このような状況では、家族は焦ります。焦るとどうなるか。本人に問い詰めたくなります。

そうすると、本人は避けます。逃げます。家族と接触する時間がだんだんなくなりますが、家族はその短い時間に「肝心な話」をしようと焦る、本人はますます逃げるという、いわば悪循環に陥ることも珍しくありません。

「肝心な話」というのは、仕事をどうするのか、学校をどうするのか、はたまたこのままで将来どうするのか、というような、家族が最も気になっている事柄のことです。子どもが自分のことについてどのように考えているのか、どうするつもりなのかということを、親としては知りたいわけです。しかし、本人からは前向きな考えを聞くことができませんから、家族はますます焦ったり、あきれたりします。そしてつい説教口調になってしまうと、子どもはいっそう親を避けるようになります。

しかし、考えてみてください。普段の何気ない会話ができないのに、「肝心な話」についてじっくりと意見を交わし、話し合うなんてことができるでしょうか。おそらく難しいでしょう。

たしかに、家族は本人とコミュニケーションがまったくとれないと感じる時期を過ごすことがあります。しかし、「まったくとれない」と思っていても、コミュニケーションのわずかな「かけら」を見つけることができることもあります。

それはただ食事を与える・与えられるということかもしれませんし、ペットの世話をめぐってのやりとりかもしれませんが、複数の人が同じ空間にいて「コミュニケーションがない」と

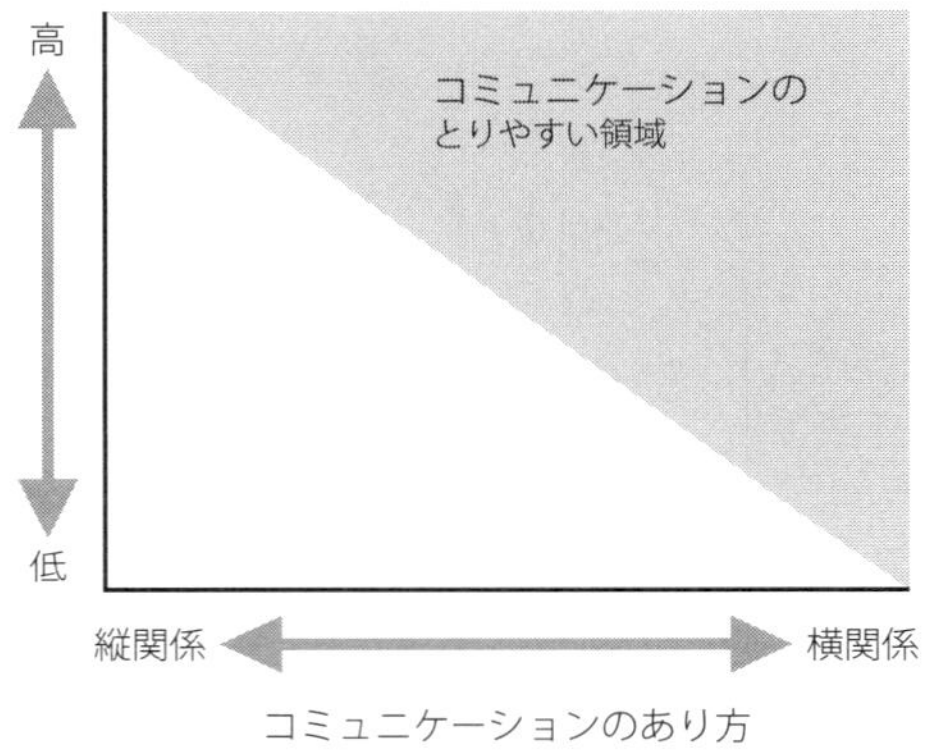


図5－2　元気の度合いとコミュニケーションのあり方

いうことはありえません。もっというと、「避ける」「近寄らない」「話さない」ということも、コミュニケーションに他ならないのです。「放っておいてほしい」とか、「プレッシャーをかけないでほしい」というメッセージであると解釈できるでしょう。

家族の接し方が変われば、いずれ子どもの側の家族への接し方や行動も必ず変わってきます。コミュニケーションというものは、互いのありようによって成り立っているからです。

元気な時、そして関係が良好な時は、直接的に伝えたいことを伝えても、コミュニケーションが成り立つものです。つまり、ある程度説教的なコミュニケーションであっても、相手はメッセージを受け入れることができます。しかし、相手の元気がない時や関係がギクシャクしている時は、上から下へのコミュニケーションではメッセージは伝わりません（図5－2）。そのような時は、まずは横関係、つまりは対等な関係を意識することがむしろ早道の場合があります。

家族の側、つまり大人の側が対等のつもりでも、そもそも親子の関係というものは縦（上下）関係ですから、大人の側がかなりの程度配慮しなければならないことはいうまでもありません。では、横関係のコミュニケーションとはどのようなものでしょうか。

## 8　コミュニケーションの回復に向けて

「コミュニケーションは大切です」とか「コミュニケーションをしましょう」などとセラピストがいくら言っても、それは標語のように虚しく響くだけで、役に立つことはないでしょう。またそのようなことを言うだけでは、コミュニケーションがうまくいっていない家族の罪悪感を煽るのみになってしまうこともあります。

まずセラピストは、コミュニケーションがうまくいっているところについて、家族に教えてもらうことが大切です。つまり、コミュニケーションが少しでもうまくいった時のことについて問いかけるのです。

ある家族では、子どもが学校に行かなくなり、ひきこもるようになってから、子どもの好きな食事のメニューやご馳走をつくらなくなっていました。前章の例にもあったように、知り合いから「家の居心地がよすぎるから学校に行けなくなるんじゃないの？」と言われたからです。

それで、両親は今まで以上に厳しく子どもに接しようとしましたが、本人は二階の部屋に閉じこもるばかりで、部屋の外にすら出てこなくなってしまいました。食事の時にはかろうじてリビングルームに降りてくるものの、何も言わずに黙々と五分ほどで食べ、すぐに部屋に戻り、こもってしまいます。

母親は、さすがに耐えられなくなり、このままでは家族が駄目になってしまうと考え直し、甘やかしでも何でもいいから本人の好きなものをつくってあげることにしました。

珍しく子どもは素直に喜んだようでした。久しぶりに子どもの嬉しそうな顔を見ることができ、それからは居心地がよくなるように心がけたところ、リビングに降りてくる時間が増え、会話も増えていったそうです。

子どもが家から出られなくなると、家族は家の居心地を悪くする方向で対応する場合があります。意味づけはさまざまで、「世間の厳しさを教える」とか「働かざる者食うべからず」、あるいは「このような状況で楽しむなんてもってのほか」などなど。このように楽しみを与えないようにしたり、ことさら厳しくするような対応をしても、あまりよい結果につながらないようです。

反対に、コミュニケーションの回復した家族からは、子どもがリラックスして、眉間のシワが減ってくるのに伴って家族の何気ない会話が戻ってくる、ということを教えてもらうことがあります。

また、コミュニケーションが回復し始めると、家族にとっての腫れ物に触るような感覚も自然と減ってくるようです。「腫れ物に触るようなかかわりをやめましょう！」などと言うよりも、これも親子のコミュニケーションのバロメータとして考え、無理せずともそういった感覚が減っていけばよい方向に進んでいる、と捉えたほうがよいでしょう。

「コミュニケーションをとろう」と家族が身構えると、子どもも身構えてしまうかもしれません。これまでの「肝心な話」が尾を引いて、「お説教される」と思ってしまうからです。コミュニケーションは、何も「会話する」という設定でなくてもよいはずであり、構えないかたちのほうが意外に会話が可能になることもあります。

ある家族では、母親が子どもを家族での散歩にうまく誘い出すことができ、それまで困難だった父親と息子のコミュニケーションが改善したという話を語ってくれました。向かい合って話そうとすると対立関係が生じることもありますが、並んで歩く場合は、互いに向かい合わずにすむことから、リラックスした雰囲気で話ができることもあるようです。

また別の親子では、父親が子どもを庭仕事に誘い、二人で汗を流したことから、それまでギクシャクしていた関係が改善したという話を教えてくれました。何も会話だけがコミュニケーションではないのです。

## 9 問題に負けていない、小さなよい変化を見つける

不登校やひきこもりの問題の難しいところは、経過が長くなってしまうことで、「毎日同じ状態だ」と感じたり、「まったく変化がみられない」という気分になってしまうことです。また、少々よい変化がみられたとしても、どうしても登校や就労を意識してしまいますので、「でも学校にはまだ行けない」とか「まだ仕事に就くことができていない」など、「0か1か」という考え方に陥ってしまうことも多くみられます。

また、家族は「子どもを学校に行かせることができていない」ことに関して、どうしても周囲の目が気になります。外に出ることができない本人も常にプレッシャーを感じているのですが、家族もまたプレッシャーを感じてしまい、焦ります。

そこで私は、本人の状態を地上一階、地下二階の三階建ての建物にたとえて、家族とともに理解に役立てることを試みています（図5-3）。

社会生活ができるのは、地上階の状況で、好きなことも、やらなければならないことも、両

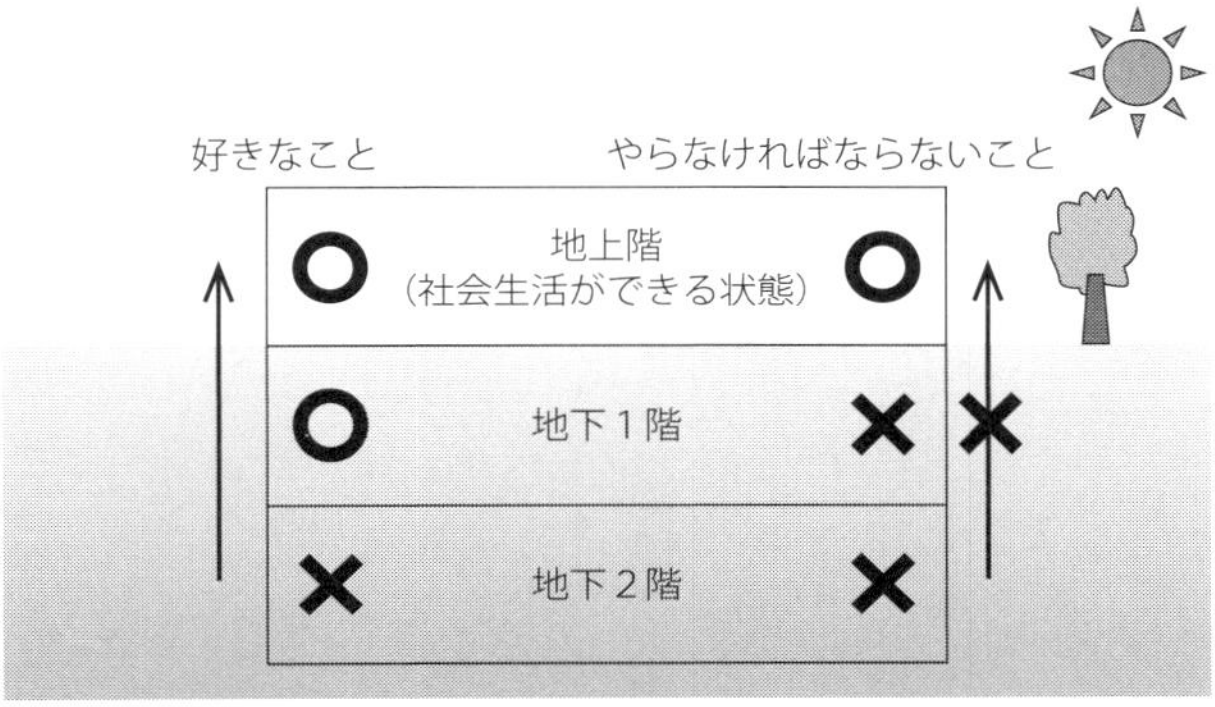


図５−３　本人の状態を３階建ての建物にたとえて理解する

方ともできる状態です。

一方、一番下の地下二階は、好きなことも、やらなければならないことも、両方とも行う元気がない状態です。本人にとっては、最もつらい状況だと思われます。しかし、家族のなかでは、それほどギクシャクすることはありません。なぜなら、たとえば「あんなに好きだったゲームをする気力もないほど元気がない状態である」ことが家族にもわかるために、家族は本人にあまり無理強いすることはなく、そっと見守ることを優先するからです。

家族内でのギクシャクが生じるのは、地下一階の状態です。つまり、好きなことはできるけれど、やらなければならない勉強や仕事などをする元気はない。家族は、「自分の好きなことのためなら行動できるのに、どうして勉強ができないのか」と不審に思い、「怠けではないか」とか「サボっている」と考え、本人に勉強や仕事をするように促します。しかしながら、本人はそこまで元気が回復しているわけではないので、できない。そして、揉めごとにつながってしまうのです。

好きなことはできるのに勉強や仕事ができない状況は、回復のプロセスであるとみることができます。

私は家族との会話では、もう少し細かく本人の様子を聞かせてもらいます。「好きなこと」にも、細かい段階があったりします。たとえば「一番つらそうだった時は、テレビもただボーッと眺めているだけだったが、最近は自分でチャンネルを選ぶことができるようになってきた」とか、「最近はお笑いの番組で声を上げて笑うようになってきた」など。

元気が戻ってきて活動性が高まってくると、行動範囲が少しずつ広がったり、少々手間のかかる趣味（たとえばプラモデルや魚釣りなど）もできるようになってきます。もちろん、元気の回復に伴う活動性は人によって異なりますので、ここでも家族に教えてもらわなければ、セラピストにはわかりません。

これまでの私の経験では、本人の好きなことで、できることが徐々に増えていった後、たとえば部屋の片づけのような、やらなければならないことが少しずつできるようになってくるようです（図5－2の左の矢印）。好きなこともできない状況だったり、しかめっ面の表情が続くなか、突然勉強や仕事ができるようになるということは、あまりないでしょう（右の矢印）。

このような理解を共有することで、家族とともに小さなよい変化を見つけていくことに注意が向くようになります。また、好きなことができることについても「よい変化」として認められるようになりますから、「好きなことはできるのに」といったかたちで本人とのあいだでギクシャクが生じることは少なくなります。

## 10　回復に向けての一里塚

よい変化を認めることができるようになり、コミュニケーションが回復してくると、何気ない家族の会話ができるようになってきます。もちろん、初めから本人とすべての家族のコミュニケーションが回復しなければならないというものではありません。一部の家族との会話だけでもできるようになると、リラックスして過ごせる時間が多くなってきます。そうすると、自然に他の家族メンバーとも、ギクシャクした雰囲気が少なくなってくるように思われます。

また、コミュニケーションが回復してくると、困りごとについて親に語ることができるようになることがあります。私は、本人が家族に困りごとを話せるようになることを、回復に向けての「一里塚」と位置づけています。家族に困りごとを話してもよい、という安心感を本人がもてるようになった証拠として捉えることができるからです。

「困りごとを家族に話しても、何も強制されることはない」という安心感を本人がもつことができてこそ、それを語ることができます。困りごとを話した際、家族から「そんなことくらいで」と否定的に捉えられることへの不安や、「病院やカウンセリングに行きなさい」と新たな行動を起こさなければならない状況に追い込まれることへの不安などによって、話すことができなくなっている可能性があることは先に述べた通りです。

「困りごと」という言い方ではなく、「〇〇をやってみよう」などと本人が言い始めることもあります。家族はすごく期待してしまうのですが、このような言葉を聞けたからといって、必ずしも行動が伴うとは限りません。だからといって家族を騙しているわけではありませんから、そこで「口先ばかり」などと本人を責めると逆効果です。まずは、そのような気持ちになれたこと、そのような考えを表明できるようになったことを喜び、本人に肯定的に返してあげるのがよいと思います。

そうした表明は、本人が自分に対して気持ちを奮い立たせようとしていることの表れであり、周囲の反応をうかがっているとみることもできるでしょう。自分が前向きなことを言っても周囲は過剰な期待やプレッシャーをかけてはこないと確認できて初めて、本人は安心して前向きな行動ができるようになってきます。

こうして考えると、本人と家族の関係がギクシャクしている時に家族がどのようなかかわりを心がけたらよいのかがみえてきます。つまり、困りごとが話せるような雰囲気や関係性をつくることを、さしあたっての目標とするのです。何を話しても何かを強要するようなことはないということを、言語的あるいは非言語的に伝えていくこと、そして家庭内の雰囲気をリラックスできるものにしていくことが大切になってきます。

そして困りごとが話された時には、本人のペースで考えていくことが必要です。本人の意向を無視して何かを進めようとすると、かえって逆効果になってしまうでしょう。

逆説的ではありますが、周囲が「このままでもよいのではないか」と思えるような状況になった時に、本人が少しずつ元気を取り戻していくことが往々にしてあります。もちろん、「ひきこもったままでもよい」といっているのではありません。あるいは、セラピストが「このままでよいではないですか」とか「このままでよいと思えなければ変化は生じませんよ」などと家族に伝えるべきだ、ということでもありません。そのようなことはもちろん、逆効果どころか、家族の反感を買ってしまうでしょう。

セラピストは、家族の努力や工夫を丹念に探し、本来のコミュニケーションを取り戻しているところを見つけていくことが大切です。そのプロセスで、家族が登校や就労以外の本人の能力やよいところ、かけがえのないところを見つけていくことができれば、「焦らなくてもよい」とか、「このままでもよいのではないか」といったストーリーがおのずと見出されていくでしょう。そのストーリーこそが、本来のその人や家族らしい部分に光が当たることによって浮かび上がる、問題に影響を受けていない「オルタナティヴ・ストーリー（これまでのものに代わるストーリー）」なのです。

セラピストは、家族の努力を労い、少しずつ生じてきた、あるいはすでに生じているよい変化、そして本来の「らしさ」に光を当て、家族の望むコミュニケーションが回復するように支援することが大切です。

# 第6章　健康問題と「外在化する会話」

## 1　健康についての価値観

現代社会で生きる私たちには、「健康」は重大問題の一つです。そして、健康問題にはさまざまなストーリーが存在します。

世の中には、星の数ほどの健康法（と考えられているもの）が存在し、健康を害するもの（と考えられているもの）もまた多く存在します。どれが正しくてどれが正しくないのか、情報を見極めることは私たちにとって最も深刻な問題の一つであるといえそうです。

健康や不健康の常識が時代とともに移り変わることはこれまでの章にも書いた通りですが、

そのうえ流行り廃りまでもがあるわけです。もちろん、地域によっても常識は異なります。「正しい健康」などというものが果たしてあるのかないのか、はたまたそのような考え方自体に意味があるのかないのかなど、ますます考えてしまいますが、キリがありません。

以前、家族と一緒にニュージーランドで暮らしていた時のことです。まだ小さかった子どもが熱を出しました。日本では、子どもが熱を出すと病院に行くのが「普通」でしょう。

しかし、ニュージーランドでは、風邪くらいで病院に行く人はあまりいないように見受けられました。実際、熱の出た子どもをクリニックに連れていくと、そこの医師には何となく怪訝そうな顔をされた気がしました。それでも異国の地で不安を抱える私たちを気の毒がってくれたのか、医師は私たちを丁重に奥の処置室に招き入れ、看護師に何やら指示をしてくれました。

すると看護師は、子どもの服を脱がせ、オムツだけにすると、やおら水をかけ始めたのです。そして一、二分ごとに体温計で体温を測定し、「少し下がった」とか「また上がった」などとつぶやきながら一喜一憂します。初めは冗談だと思っていたのですが、泣き叫ぶ子どもの様子に耐えきれなくなり、頼み込んで「処置」を中断してもらいました。

日本では、熱が出た時（とくに寒気がある時）には身体を温めて横になるのが一般的だと思います。欧米では熱がある時には身体を冷やすのだと話には聞いていましたが、実際に目の当たりにすると戸惑ってしまいました。

冷やすか温めるかはさておき、のちにニュージーランド人の同僚と受診行動の違いについて話した際、私が「日本ではどうして早く連れてこなかったのか」と医師に親が叱られることもあると伝えると、同僚は「この国では、風邪くらいでなぜ連れてくるんだと叱られる」と話してくれました。医師の顔が怪訝そうにみえたのは、気のせいではなかったのかもしれません。

もちろん、同僚の話も半分は冗談なのかもしれませんが、治療の内容だけでなく、受診行動そのものの「常識」も国によって異なるのだと驚いた経験でした。

## 2　禁煙チャレンジグループ！

### 健康問題における内在化言説

さて、健康問題には、問題のありかを内在化させてしまう言説が多々みられます。「我慢が足りないから」とか「だらしないから」など、本人の性格や気質が不健康の原因であるという考え方は珍しくないでしょう。

たとえば、糖尿病など食事の摂り方が経過に影響する疾患や物質依存の問題などについては、「本人の行動の問題」が取り沙汰されることが少なくありません。このように「行動上の問題」とされる事柄には、往々にして内在化言説が付きまといます。背景には、「行動はコントロールできるもの」あるいは「コントロールするべきもの」、「コントロールできないのは本人が悪い」といった考え方があるのではないでしょうか。

しかしながら、このような「本人の問題」であるという考え方が当事者の自責の念を生み出し、精神的なプレッシャーや人間関係からの孤立につながり、さらなる「不健康状態」につながるかもしれません。

ここでは、「外在化する会話」を健康問題の領域でどのように展開させるのかについて、いくつかの事例を紹介してみたいと思います。

## 禁煙できないのは本人の問題？

喫煙は、健康問題として深刻なものの一つに数えられるでしょう。喫煙率は以前よりはずいぶんと低下しましたが、まだまだ社会問題には変わりありません。喫煙は、「やめられない」問題として考えるならば、依存の問題として捉えられるでしょう。

喫煙に関して付きまとうのは、やはり「意志の問題」。つまり、意志が強いか弱いかによって禁煙が成功するかどうかが決まってくる、という考え方です。

タバコをやめることができない人は、「意志が弱い」とみなされます。「意志の問題」になることで、喫煙の責任は喫煙を行う当事者に帰されることになりますから、内在化されてしまうといえます。

喫煙者は、「意志が弱い」とみなされることによって、プレッシャーを感じたり、あるいは否認したくなったり、否定的な感情が触発されたりするでしょう。不安やストレスを感じると喫煙衝動が高まりますので、悪循環になってしまいます。

こうして、喫煙者は禁煙について誰かから何かを言われることや、考えること自体がストレスになり、禁煙について考えることすら嫌になっていくわけです。禁煙を促されれば促されるほど、そのことを避けたくなってしまうのです。

このように考えると、「禁煙できないあなたは意志が弱い」と喫煙者を責めることは、禁煙にはまったく役に立たないどころか、逆効果であることがわかります。

ほとんどの喫煙者は、周囲の人から禁煙を促されたり、勧められたりした経験があるでしょう。そして、やめられないことに対して自責の念を抱くことになります。このような経験が重なることで、禁煙の話が出ること自体が喫煙者にはストレスになっていきます。そうなると、禁煙の話が出ると、逆にタバコを吸いたくなってきます。

つまり、周囲の人が禁煙の話をすることが禁煙を難しくすることにつながるのです。それでは、どうやって禁煙に向けたアプローチや支援を行ったらよいのでしょうか。

先に紹介した「外在化する会話」ではこの場合、「禁煙が難しいのは本人が原因」という考え方に異を唱えます。

### 禁煙に関する「外在化する会話」

もうしばらく前になりますが、全国の公共施設で分煙や禁煙が進みました。教育機関である大学でも、分煙から全面禁煙へと段階的に移行していきました。

そのようなある大学で、喫煙をやめたくてもやめられない学生に対して、禁煙セラピーを行うことになりました。五名程度のグループセラピー（集団療法）の形式で、喫煙をやめられてもやめられなくても五回で終了します。名前は、「禁煙チャレンジグループ[1][2]」！

大学の喫煙室や廊下などにポスターを貼って参加者を募集しました。正直なところ、希望者がいるのかどうか半信半疑でしたが、周囲の協力もあり、二つのグループで実施することができました。

プログラムは、表6－1の通りです。

グループのメンバーには、初回に次のように伝えてからセラピーを開始しました。

「禁煙は、なかなか手強い相手であるといえます。理由はいくつかありますが、まずは禁煙できないことで周りの人たちに責められてしまい、嫌な気分になってしまうこと。そうする

表６−１　禁煙チャレンジグループのプログラム

| | |
|---|---|
| 第１回 | 自己紹介／オリエンテーション、参加の動機の発表、「タバコの罠」の探索 |
| 第２回 | 「タバコの罠」発表会 |
| 第３回 | タバコと離れたいワタシ、タバコのない生活 |
| 第４回 | ワタシとタバコの対話 |
| 第５回 | 振り返り、これからのワタシ |

と、禁煙のことを考えることすら嫌になってしまいます。なぜなら、『やめられない自分が悪い』と考えてしまうからです。そういう意味では、みなさんがこのグループに参加されたことはとてもすごいことだと思っています。

このグループでは、なぜ禁煙できないかとか、禁煙できない人のどこに問題があるのか、などということは一切考えません。これまでみなさんも一度くらいは禁煙について考えたことがあるかもしれません。しかし、何かしらの事情、あるいはさまざまな事情で、禁煙の達成が邪魔されたのではないでしょうか。禁煙が難しいのは、みなさん自身のせいというよりも、さまざまな『タバコの罠』によると私は考えています。つまり、『タバコの罠』がみなさんの禁煙を阻んでいるわけです。このグループの目的は、みなさんと一緒に『タバコの罠』について慎重に調べ、『タバコの罠』に負けないようになることです。

なので、無理やりに禁煙をするなんてことは決してしないようにしてください。自分で『やめられそう』とか『やめてもいいかな』と自然に思えた時に、禁煙を試みるようにしてほしいと思っています。また、できればその時に私に一言声かけをしていただけたら嬉しいです。

それから、このグループは、タバコがやめられてもやめられなくても五回で終了します。それ以上のカウンセリングを希望する場合は、また個別に相談してください」

「タバコの罠」の探索

まず、参加者のみなさんから、禁煙を難しくしている「タバコの罠」について教えてもらいました。具体的には、「『禁煙が難しい』と思わされているのは、どのようなことからでしょうか？」と尋ねました。

すると、朝起きてタバコを吸うことが習慣になっている参加者から、朝タバコを吸わないと頭が働かないとか、目が覚めないと思わされているのではないか、ということが語られました。

また別の参加者から、何かの作業が終わった時とか、アルバイトの休憩時間など、行動の区切りに吸うことでホッとする、落ち着くと思わされているのではないか、ということも報告されました。

さらに、禁煙すると体重が増えると思わされている、ということを報告してくれた人もいました。これは女性にとってはとくに深刻かもしれません。実際にどうなるか試してみるには、大きなリスクであると感じられることでしょう。

よく「喫煙は習慣化しているので、やめるのは難しい」という話を聞きます。参加者も、「セットになっているから難しい」と思わされていると話してくれました。何と「セット」かといえば、行動です。たとえば、食後、帰宅時、飲み会の時などにタバコのパッケージを取り出すことが、食事などの行動と「セット」になっていると感じています。「セット」という表現から、さまざまな行動との結びつきが強く、ある状況下では喫煙するのがあたりまえと思い込まされている、と考えられます。

人間関係の問題もあります。つまり、喫煙者同士のあいだで連帯感が強まると思い込まされている、というものです。喫煙室での談笑は、時に人間関係を強めてくれます。となると反対に、そのコミュニティから抜けるということは、噂話の対象にされるかもしれないという不安を伴うことがあるかもしれません。喫煙しないで喫煙室にいることは苦痛でしょうし。噂される不安とまでいかなくても、喫煙室独特の連帯感による人間関係を失いたくないという気持ちが禁煙に踏み切るのを邪魔しているというのは、人によっては正直なところでしょう。

## 「タバコの罠」の影響

次に、「そのような『タバコの罠』に、どのように影響を受けているのでしょうか？　どのように困らされているのでしょうか？」と尋ねてみました。

するとある参加者は、タバコを吸うとリラックスできるなど、さもよいことがあるかのように思い込まされているのではないか、と振り返りました。なぜ思い込まされていると思うのかと話し合ったところ、「タバコがないとリラックスできないのではないかと今は思っているけど、よく考えたらタバコを吸い始める前だってリラックスできていたことはあったから」と答えてくれました。なるほど。

実際に、タバコを吸わないでいると、血中ニコチン濃度の低下によって離脱の症状である不安や焦燥感が惹起されます。喫煙によってそうした不安や焦燥感が和らぐというかたちで、喫煙行動が強化されると考えられます。喫煙者が「タバコを吸うとリラックスできる」と感じているのは、離脱の症状を緩和しているにすぎず、本来のリラックスとは異なるわけです。

と、このような専門的な知識とは異なるかたちで経験を振り返ることによって、「タバコの罠」として共有できるのが興味深いところです。

また、禁煙をし始めると、必ずといってよいほど「〝一本くらい〟の罠」がやってくるそうです。つまり、「タバコやめてるから」と言うと、周囲の喫煙者は「本当？　だったら、本当にやめることができているのか、試しに一本吸ってみよう」となるというのです。そして「試しの一本」によって、かなりの確率で再び喫煙者に戻ると言います。喫煙者の連帯感は、仲間から抜けさせたくないという力動としても働くのかもしれません。

思わぬところにジェンダーに関係した罠もあるようです。ある女性の参加者は、「女性が喫煙するのはイメージが悪い」と言います。だから、自宅の周辺では喫煙しないようにして、近所の人にはバレないようにしているそうです。「女性だからとくにイメージが悪くなることが気になる」とのこと。もう少し聞いてみると、「ドラマに出てくる女性で喫煙している人がいたら、たいていは悪役でしょう」と言います。言われてみれば、たしかに。

また、喫煙が発端でボーイフレンドと揉めごとになることもあると言います。自分は吸っているくせに、彼氏は「女は吸ってはダメ」と言うために、「何でダメなの！」とケンカになるそうです。

女性であることで喫煙に後ろめたさが生じるならば、禁煙できないことへの自責の念は男性よりも強くなるのかもしれず、「罠」のパワーも強くなるかもしれません。

最後に挙げる罠は、アイデンティティに関することです。喫煙する学生は、「タバコを吸っていない自分は自分らしくない」と言います。つまり、タバコを吸っている自分が「自分らしい」のであり、吸っていない自分は自分らしくない。

嗜癖や依存の問題は、「自分らしさ」と強く結びついているのかもしれません。となると、罠としては最大級に手強いといえるでしょう。今ある「自分らしさ」を手放すことは、なかなか簡単なことではないでしょうから。

そうなると、「自分らしさ」についての会話が必要になります。タバコと結びついた「自分らしさ」とは、いったいどのようなものなのでしょうか。また、タバコに汚染されていない「自分らしさ」とはどのようなものなのでしょうか。

もしも個人的なカウンセリングとして続くならば、そのような話題について会話を広げることができるのかもしれません。

## 「タバコの罠」に対抗する

「タバコの罠」の影響について一通り調べることができた後は、「タバコの罠」に負けていない部分について一緒に探していくことになります。ナラティヴ・セラピーでは、問題に負けていない部分のことを「ユニーク・アウトカム」と呼びます。参加者に、次のような質問に答えてもらいました。

「過去、『タバコの罠』に負けないでやれていると感じたことがあったとしたら、それはどんな時でしょうか?」

参加者から聞かれた答えの一つは、「朝起きてタバコなしで過ごせたこともあった」というものでした。先の「朝起きた時に吸わないと頭が働かない」と思い込まされている罠に対して、ということになります。

驚いて「え！　どうやって朝、タバコなしで過ごせたのですか？」と尋ねたところ、朝寝坊したから、ということでした。

朝、目覚めたらとんでもない時間だった。とにかく着の身着のまま出発。大学に到着した後は、キャンパス内では吸えないので、夕方まで喫煙せずに過ごすことができた、ということです。

このエピソードを思い出してくれた参加者は、「朝吸わなくても、なんとかなるのかもしれない」と思えたそうです。

また、前述したように「タバコなしでリラックスできないわけではない」ことを実感できた学生もおり、大切な気づきを共有することができました。

また、「タバコなしでも友だちとの連帯感が損なわれることはない」と断言してくれた参加者もいました。たまたま体調が悪く、喫煙所に行けない時期があったけれども、喫煙する友人との関係はとくに変わることなく続いていたと語ってくれました。

## タバコとの対話

このような参加者との会話をもとに、このグループセラピーを手伝ってくれていた大学院生たちが、次のようなシナリオを作ってくれました。

レポーター：タバコ君、君はみんなに何してるん？
タバコ：俺は、みんなの心と身体を乗っ取って、俺から離れられんようにしてんねん。
レポーター：他にもみんなに何かしてるん？
タバコ：あたりまえやん！　めっちゃあるで！　お酒のむときは、俺がおらんと楽しくないと思わせたり、リラックスしてるような気分にさせたりとかして、俺に貢がせてんねん。
レポーター：貢がせてるってすごいなあ。君ってそんなに魅力があるんや。どうやってんの？
タバコ：まあ、だいたい最初はみんな俺のこと嫌ってんやけど、一回俺と一緒になったらみんな俺から離れられんようになんねん。
レポーター：えっ、最初はなんで嫌われるん？
タバコ：まあ、言っても俺臭いやん。世間的にも身体によくないとかで男受けも悪いし。
レポーター：そんなんやのにどうやって離れられんようにできるのん？

タバコ：大人っぽくなりたいとか、仲良い友だちに誘われてとか、興味本位とか、きっかけはいろいろやけど、一回一緒になったらこっちのもんやで。
レポーター：なんでそうやれるん？
タバコ：俺とおったらイライラがおさまるとか、暇つぶしになると思ってたりとか、俺を中心に変な連帯感ができたりとか。まあ、結局俺がいなくなったらみんな不安になんねん。
レポーター：貢がせるコツはみんなを不安にさせるってことなんやね。作戦がうまくいかないときもあるの？
タバコ：残念ながら一緒におれる場所も少なくなってきたせいか、最近離れようとしてるのもおるから寂しいねん。それから、健康のためとか、就職のためとか、将来の子どものためとかいいよるし。やから、なんとか思い出されるようにいろいろと努力しているわけよ。
レポーター：じゃあ、君はここにいるメンバーのことをどう思う？
タバコ：正直俺から離れていっちゃう気がするんよね……。
レポーター：えっ、ずいぶん弱気やん。
タバコ：いやー、ここにいるメンバーは、やけど……。最近俺と離れても楽しく過ごせてるときもあるって気づいてきたみたいやし、むしろ俺がおらん方が楽しいと思い出してるし。まあ何より気合いがすごいしね。みんなが「せーのっ」で一緒に俺から離れていったらへコむわ。でも、みんなが離れても、まだまだ貢いでくれる奴らが山ほどおるし。また新しいヤツみつけて貢がせたんねん！　まあ、せいぜいがんばってねー、応援してますぅ〜。

どうですか。「タバコ」、憎たらしいような、でもどこか可愛いらしいような気がしませんか。

これは、マイケル・ホワイトのワークショップノート(3)を参考にして作ったシナリオです。この会話は二部構成になっており、第一部は「問題の成功ストーリー」です。「問題」がどのような作戦を用いて当事者の人生のなかに割り込んでいっているのか、どうやって当事者の人生を駄目にしようと企んでいるのか、そしてどのような野望を抱いているのか、といったことに関するインタビューです。そして第二部は、「問題の失敗ストーリー」です。「問題」の作戦がうまくいかなかった時のことについて、インタビューを行います。

「問題の失敗」ですから、裏を返せば、問題を抱えた当事者の成功ストーリー、つまりはユニーク・アウトカムということになります。

実際のチャレンジグループでは、私がレポーター役、大学院生がタバコ役となり、上演しました。参加者は、それを見て「自分の体験に近い」との感想を述べました。参加者たちとの会話がもとになって作成されたものなので、当然ではありますが。

また、参加者にタバコ役になってもらい、私がレポーター役になって別の参加者を困らせている作戦についてタバコとして語ってもらう、ということも試みました。参加者は、「けっこうリアル」とか「タバコが憎たらしい」などの感想を述べてくれました。

禁煙チャレンジグループは二回ほど実施しましたが、参加者はいずれも途中で禁煙を試してみたくなったと報告してくれました。私からは「失敗しても決してがっかりしないようにしましょう」と伝えて禁煙をスタートし、終了時までは禁煙が続いていたそうです。長期的なフォローはできていないので、その後、どのくらいの期間続いたのかはわかりませんが、チャレンジグループの終了時には、「別にタバコがなくてもいいような気がしてきた」と報告してくれました。

## 3　糖尿病を抱える男性との会話

### 言葉の内容は関係性に左右される

ある研修会で、糖尿病（役）の男性との会話をロールプレイで行いました。

設定は、男性は糖尿病を抱えているのですが、これまた喫煙をやめることができないという問題を抱えているというものです。

慢性疾患を抱えると、食事や嗜好品などについて制限をしなければならない状況に置かれますが、なかなか簡単ではありません。好きなだけ食べられない、タバコを吸えないとなると、私たちは不満を抱いたり、時には苦痛にさらされます。また、必ずしも制限されていない状態だとしても、制限しなければならないと感じるだけでストレスになることもあります。

食事や生活状況を身体の調子に合わせることができない、つまり摂生ができない時に、「なぜできないのか」に注目するとますます自己嫌悪に陥るでしょうし、そもそもそこに焦点化すること自体がさらにストレスを招くでしょう。

これまでみてきたように、「なぜコントロールできないのか」を「理解」しようとすることは、必ずしも状況の改善に役立ちません。そればかりか、自責の念を強めることにつながります。自責の念を強める可能性のある「理解」は、建設的な方向に進むことには寄与しないでしょう。

一見、健康に対して無頓着であるようにみえる人でも、病院にきているということについては、みずからの健康に関心があるというユニーク・アウトカムであるともいえます。

ただし、「どのようになれたらよいのか?」という問いに対しての答えは、必ずしもセラピストの期待通り健康に関連したものにならないかもしれません。人は、批判されたり、責められる可能性のある状況では、肯定的なことは言いづらいからです。たとえば、糖尿病の人に「どのようになれたらよいでしょうか？」と尋ねたら、「好きなものを食べ、好きなものを飲むことができたら、身体はどうなってもよい」と述べるかもしれません。

そのような場合、セラピストはその人に対して「治療意欲が乏しい」と思ってしまうでしょう。しかし、「好きなものを食べ、好きなものを飲みたい」と思っていること自体は、何も否定されるものではありません。

セラピストは、好きなものを食べることや飲むことが、この人にとってどのような意味をもつのだろうか、そのような想いがどこからくるのだろうかということに関心をもつこともできます。そこにはその人のもっている価値観、言い換えるとディスコース（言説）が反映されることになるでしょう。

そのような願いや希望に関する語りにセラピストが好奇心をもって耳を傾け、たとえば「美味しいものを家族と一緒に食べることが何よりも幸せ」というかたちで会話が広がるならば、食べ物だけではなく、「よい時間」を家族とともに過ごすことにその人が価値を置いているということを見出せるかもしれません。

このように、その人の願いや希望についての会話を広げることによって、「治療意欲の乏しい人」というセラピスト側からみたストーリーは書き換えられることになるでしょう。

## ヤマダさんとの会話

以下、研修会のロールプレイでの実際の会話をみていきましょう。糖尿病役の男性（ヤマダさん）とセラピスト役との会話です。

「先生がおっしゃる通りタバコをやめようとするんですが、うまくいかないんです」

そのように話すヤマダさんに、セラピストが尋ねました。

「以前と比べていかがでしょうか？」

「本数は減って、一日二、三本にまでなりました」

「すごいですね。どうやってタバコの誘惑に負けないでやれているのでしょうか？」

「二、三本吸ったらタバコの箱をしまって、見えないようにしているんです」

「ほーっ。どうしてそのようなことができるようになったのでしょうか？」

「先生にタバコをやめたほうがいいって言われたからですよ（笑）」

「なるほど。でもその言葉に従ってみようと思われたのは、どのような考えによるのでしょうか？」

「まあ、ちょっとでも健康で長生きできたらと思ったりもしますから」

「そうなんですね。そのような健康でいたい気持ちは、どこからくるのでしょうか？」

「そりゃ、最近孫もできましたし、少しでも長く一緒にいたい気持ちからでしょうかね。病気を悪くして家族に迷惑をかけたくもないし」

「あ、お孫さん、おめでとうございます。ご家族を大切になさってるんですね。それはヤマダさんの持ち味なのでしょうか？」

「そうかもしれんですね」

「ヤマダさんは、いつ頃から家族が大切だという考えをはっきりもつようになったのでしょうか？」

「それは小さい頃からでしょうかね。裕福ではなかったけど、家族仲良く元気が一番だと、親もいつも言ってましたから」……

何かを我慢をすることは、誰にとっても楽しいものではありません。カウンセリングや対人援助の場で、「○○をしないようにしましょう」などという「約束」をしても、ほとんど効果はないでしょう。

また、何かを「しないようにする」ことは通常、何かを「しようとする」ことよりも難しいものです。しかしながらみずからが望むものであるならば、そして「しないように」から「○○をする」に書き換えることができれば、それはもはや「我慢」ではありません。

したがって、仮に本人から「してはいけない」とか「しなくてはならない」という文脈で語られたものであるにしても、その背景にあるその人の願いや希望に光を当てて会話を広げることが大切です。そのような会話が広がるならば、その人がみずからの価値観によって何かを「しようとする」、あるいは「したいと思う」という語りにつながっていくものと考えられます。

〔付記〕

禁煙チャレンジグループの実践は、文献1、2を再構成して記述しました。グループに参加し、研究に同意してくれた学生たちと、グループの運営や記録に協力し、「タバコと私の対話」を掘り出してくれた当時の大学院生であった増尾（植木）佐緒里さん、奥澤朋奈さん、城嶋真理子さん、高井恵さん、若林邦江さんにあらためて感謝します。

# 第7章　ナラティヴな会話を広げるコツ

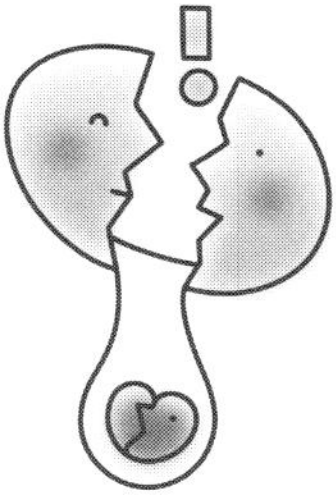

　これまで本書では、ナラティヴ・セラピーは新たなストーリー（大げさにいえば「現実」）を構成するための実践であることを述べてきました。ストーリーを構成するためには会話を重ねていくことが必要であり、そこに向けてはいくつかのポイントがあるように思います。それはセラピストの態度や姿勢であったり、具体的な会話の進め方であったりするでしょう。
　この章では、ナラティヴ・セラピーの実践であるアウトサイダー・ウィットネスや、「行為の風景と意味の風景」といった会話プロセスのなかから、会話を広げるコツについて考えてみたいと思います。

## 1　アウトサイダー・ウィットネスの会話プロセス

### アウトサイダー・ウィットネスとは?

第3章で、ノルウェーのトム・アンデルセンらのグループが実践していたリフレクティング・プロセスについて紹介しました。

マイケル・ホワイト[1]が、文化人類学者であるマイアホッフの仕事にちなみ、定義的祝祭(Definitional Ceremony)メタファーとして心理療法の文脈のなかに取り入れたのが、「アウトサイダー・ウィットネス(外部の証人)」です。

これは、ウィットネス・グループ(観察チームのこと)は会話の表立った参加者ではなく、外部から観察したものについてコメントをするかたちで参加するという点では、リフレクティング・プロセスと同じです。ただし、形式としてはリフレクティング・プロセスと似ているものの、アウトサイダー・ウィットネスのウィットネス・グループは、特徴的なテーマに沿ってコメントを述べることになります。

もう一二年ほど前になりますが、ニュージーランドのワイカト大学大学院で一年間、ナラティヴ・セラピーによるカウンセラー養成プログラムについて学ぶ機会がありました。二年間の修士課程はナラティヴ・セラピー一色という、世界でも珍しいプログラムです。もともとこのカウンセラー養成プログラムは、クライエント中心療法の理論と実践に基づいて教育が行われていたそうですが、一九九〇年代にナラティヴ・セラピーの理論と実践に特化してトレーニングを行うようになり、現在も続いています。

もう一つユニークな点は、すべての科目が集中講義の形式だということです。一つの科目が一週間から二週間の集中講義であり、それが終わると次まで少し間が空きます。理由はという と、大学院生のほとんどが現職の教員やカウンセラーであり、ニュージーランド全土から集まっているためです。つまり、現職の教員やカウンセラーがそれぞれの現場での勤務を続けながら、職場の理解を得て集中講義の期間だけワイカト地方のハミルトンの街にやってくるのです。わが国ではあまりみられない方式だと思いますが、いかがでしょう。

さて、その大学院で行われていた授業のなかで、アウトサイダー・ウィットネスの演習に参加する機会がありました。ロールプレイによる演習ではありましたが、とても貴重な体験ができたので、ここに紹介してみたいと思います。

演習の進め方は、リフレクティング・プロセスと同じようにまず家族とセラピストが会話を進め、次に観察していたウィットネス・グループが会話を行います。そして、家族とセラピストがそれを観察します。

リフレクティング・プロセスとやや異なるのは、ウィットネス・グループは自由にコメントするというよりも、ファシリテーターの進行により、あるテーマ（後述）に沿ってコメントをしていく点です。

さて、クライエントである家族は、一五歳の娘の薬物乱用の問題で相談にきたという設定でした。

両親は、娘が自分たちと素直に会話をしないことや娘の素行の悪さなどについて、セラピストに切々と訴えていました。セラピストは丁寧に両親の話に耳を傾け、共感を示していましたが、右端に座った娘は、そっぽを向いて不機嫌な表情です。セラピストが娘に意見を聞いても、まともに答えようとしません。

このような流れは臨床の場面では決して珍しいものではないでしょう。娘はみずから進んでやってきたわけではなく、両親に連れられて仕方なく来談しているわけですから。

さて、セラピストは、そのような気まずい雰囲気を打開するべく、両親と娘の関係がうまくいっていたことについての話を語ってもらうことにしました。つまり、「例外」について尋ねたわけです。

両親は、しばらく前の家族旅行の思い出について語り始めました。そしてその時に、いかに娘が楽しそうにしていたか、いかに家族との関係がうまくいっていたかについて語ったのです。両親のほうは、それまでの心配そうな表情から、徐々に明るい表情になっていきました。よい雰囲気になり始めたところで、ふと娘を見ると、娘のほうは先ほどよりもさらに硬い表情で床に目を落としたまま、じっと固まっています。

それを気にしたセラピストが、娘に問いかけました。

「旅行は楽しかったですか？」

「別に……」

気まずい雰囲気がその場を支配しました。

両親は、今度は「娘のボーイフレンドの素行が悪く、娘への影響が心配だ」と、再び娘に関する不安材料について険しい顔で語り始めました。

そのことについてセラピストが娘に意見を求めると、「両親が自分を信頼しないのが悪い」と不満げに語りました。セラピストは、娘に「どのようにしたら信頼されると思いますか？」と尋ねました。この質問はいささか説教じみて聞こえたかもしれません。

娘は、「わからない」とぶっきらぼうに答え、そっぽを向いてしまいました。

そこで、いったん会話を止め、ウィットネス・グループによる語り直しの時間となりました。

## ウィットネス・グループの会話

ウィットネス・グループは、ファシリテーターの進行で次の四つのテーマに沿って会話を進めます。①どのような表現に興味をひかれたのか（Particular of expression）、②どのようなイメージが心に生じたのか（Images that come to mind, values behind words）、③自分の人生を振り返り共鳴したことは何か（Connection, resonance with our lives）、④どのように心が動かされ、どのような変化が生じたのか（Transport）、です。

ワイカト大学大学院の授業では、これらの頭文字をとってＰＩＣＴと覚えるとよいと教えてもらいました。

リフレクティング・プロセスとやや異なるのは、これらのテーマについて、ウィットネス・グループのメンバーはみずからの経験に基づいて語るという点です。言い換えるならば、いわゆる「私メッセージ」であり、「私は」から語り始めるのです。「私は」から語り始めるということは、家族やセラピストについて言及するわけではないので、彼らを責めることには絶対にならない仕組みです。家族はもちろん、セラピストによるセラピーの進め方についても、批判するかたちにはなりようがありません。

さて、三、四名からなるウィットネス・グループの語り直しでは、ファシリテーターの進行で会話が進みます。私はそのメンバーの一人でした。先の四つの問いに対する私自身の答えは、次のようにまとめることができます。

「私の心には、『家族の楽しい時間』と『信頼』という二つの言葉が浮かびました。『信頼』に関しては、自分が高校生の時に進路について両親に相談した時のことを思い出しました。私に学校の教員になってもらいたいと思っていたはずの父親は、心理学の道を選んだ私に対して何も言わずに認めてくれました。私にとってはとても意外なことだったのですが、今思うと自分を信頼してくれたということなのかなと、不思議なことに今ふと思い出しました」

そして他のメンバーもいくつかのコメントを述べました。

次に、家族とセラピストの会話が再開されました。そこで両親は、「自分たちはもっと娘を信頼してあげてよいのかもしれない」と語り始めました。それを聞いた娘は顔を上げ、にこやかになり、セラピストの質問に徐々に答えるようになっていきました。ロールプレイでありながら、これらのやりとりがとてもリアルに感じられたことを覚えています。

## このような会話のプロセスに込められた意味とは？

さて、このプロセスにはいくつかの大切なことが詰まっているように思います。

まず、ウィットネス・グループのコメントの仕方です。家族の誰かのことについて語るならば、それはウィットネス・グループにいる人が家族のメンバーに対して「評価」することになるかもしれません。「評価」は通常、何かしらのかたちで立場が上の者が下の者に対して行うものであり、場合によっては「押しつけ」になります。「評価される（かもしれない）」とか「変化を強いられる（かもしれない）」という状況では、人はみずから変わろうとすることが難しいものです。相手との関係がとても良好である場合は、それが変化のきっかけになることもあるでしょう。しかし、そうでない場合はむしろ頑なになってしまうこともあります。

また、初めの家族とセラピストの会話について振り返ると、セラピストの奮闘にもかかわらず、うまくはいっていません。セラピストの振る舞いに焦点を当てるならば、「連れてこられた立場である娘」への配慮が十分とはいえないでしょう。

アウトサイダー・ウィットネスとは異なる一つの方法として、専門家であるセラピストの振る舞いに対してアドバイスを行い、セラピストと家族の会話の流れが変わるように働きかけることもできます。このような試みを家族療法の世界では「ライヴ・スーパーヴィジョン」と呼びます。

通常は、経験豊富な専門家（スーパーヴァイザー）が指導する立場で、経験の浅いセラピストのセラピーに対して、その場でサジェスチョンを与えます。家族療法の場合は、インターフォンなどでそのようなアプローチを行います。第3章で説明したミラノ派家族療法をはじめ、家族療法はそのようなかたちでメタ・ポジションからシステムに働きかけるやり方を採用していました。私自身もそうした形式で家族療法のトレーニングを重ねました。

しかしアウトサイダー・ウィットネスの場合、ウィットネス・グループは、セラピストに対してとくにコメントをしません。リフレクティング・プロセスでもそうですが、ウィットネス・グループが行うのは、セラピストに対してというよりも、家族とセラピストの会話に対してのコメント（会話）であるわけです。

ここまで述べてきたように、ウィットネス・グループは家族やセラピストに対して、何か評価する立場でも、もちろん指導する立場でもありません。そのことは「私メッセージ」でコメントすることで際立ちます。このような形式（会話の構造）は、セラピストやウィットネス・グループを専門家のポジションにあえて置かないようにしている、ということができます。

つまり、セラピスト自身も主役にならないし、ウィットネス・グループも主役になりません。ホワイト(2)は、このような実践のことを「脱中心化共有」と呼んでいます。セラピストが中心的なポジションに立たないことをクライエントと共有すること、と私は理解しています。

このようなことを実践することには、どのような意味があるのでしょうか？

その一つは、クライエントや家族の「主体性の感覚」です。

誰かから評価されたり、何かを押しつけられていると感じる時、私たちの誰もが不自由な感覚に陥るでしょう。つまり、自分で自分の人生を決めることができないという、いわば息苦しい感覚です。

これに関しナラティヴ・セラピーでは、「パーソナル・エージェンシー（Personal Agency）」(3)という概念が用いられます。これは、自分のことを自分で決められるという主体性をもつことができている、という感覚のことです。モンクら(4)はこれを、「人生の運転席に座る」と表現しています。

評価や押しつけの状況かそうでないかの大きな違いは、この主体性の感覚の違いとなって現れてきます。

私たちは誰でも自分のことを自分で決める権利をもっています。しかし、私たちは何かしらの悩みや問題を抱えることによって、その感覚を十分にもてなくなっている。そのように説明することができます。

第2章でも述べたように、私たちが抱える悩みや問題は、もともと私たちのなかにあったものというよりも社会で、つまりは人々のあいだで「問題」として構成され、共有されているものです。

会話を重ねることによって、自分たちの望むことや自分たちらしさに関するストーリーが紡がれ、「問題」の染み込んだストーリーが書き換えられていきます。

このように会話を重ねることは、新しいストーリーを生み出すことに貢献するわけですが、そのためには会話を重ねるメンバーの関係性は対等である必要があります。上下関係のコミュニケーションから新しいストーリーが生み出されることは、稀だと考えられるからです。

## 日本古来の問題解決にもみられる会話の効果

民俗学者の宮本常一は、『忘れられた日本人』[5]のなかで、昔ながらの村における問題解決の方法について述べています。これは一九五〇年頃の対馬での老人への聞き取り調査によるものです。以下に引用してみます。

（家から持ってきた弁当を）たべて話をつづけ、夜になって話がきれないとその場へ寝る者もあり、おきて話して夜を明かす者もあり、結論がでるまでそれがつづいたそうである。といっても三日でたいていのむずかしい話もかたがついたという。気の長い話だが、とにかく無理はしなかった。みんなが納得のいくまではなしあった。だから結論が出ると、それはキチンと守らねばならなかった。話といっても理屈をいうのではない。一つの事柄について自分の知っているかぎりの関係ある事例をあげていくのである。話に花がさくというのはこういう事なのであろう。

とにかく長い時間を使って話し合いが行われていたようですね。「みんなが納得いくまで」ということなので、誰かの鶴の一声で何かが決まるわけではないことがわかります。また、「話といっても理屈をいうのではない」ということから、理論武装をして誰かが誰かをやり込める、ということもなかったと考えられます。

さらに注目すべきは、自分の知っている事例を挙げていくという点です。つまり、その場にいる、あるいは村の誰かのことについて言及しない、ということから、誰かを責めるとか、悪者探しをするための話し合いではないということがうかがわれます。「自分の知っている事例」ということは、「私メッセージ」で語られることになるのではないでしょうか。そのような会話のあり方から、誰かを責めるというかたちにならないように注意深く配慮されていることがわかります。

さらに引用を続けます。

> 領主－藩士－百姓という系列の中へおかれると、百姓の身分は低いものになるが、村落共同体の一員ということになると発言は互角であったようである。

このような寄り合いで、身分の高低は問われなかったことがうかがわれます。私のもっている身分制度のイメージとは少し異なるようです。私は、身分制度というのはもっと厳しいものので、下の身分の者は上の者に対して何時いかなる時でも対等に発言してはいけないものだと思っていました。しかし、実際はもっと柔軟で、ケースバイケースだったのかもしれません。上下関係が厳しいのであれば、話し合いの意味はないでしょう。何も新しいものは生み出されないのですから。

さらに続けます。

そういうところではたとえ話、すなわち自分たちのあるいて来、体験したことに事よせて話すのが、他人にも理解してもらいやすかったし、話す方もはなしやすかったに違いない。そして話の中にも冷却の時間をおいて、反対の意見が出れば出たで、しばらくそのままにしておき、そのうち賛成意見が出ると、また出たままにしておき、それについてみんなが考えあい、最後に最高責任者に決をとらせるのである。これならせまい村の中で毎日顔をつきあわせていても気まずい思いをすることはすくないであろう。

「私メッセージ」に加えて、「たとえ話」を使用する工夫についてここでは述べられています。

私たちの生活のなかには、さまざまなたとえ話があふれています。その多くには教訓が含まれています。

たとえば、よく大人が子どもに言い聞かせる「オオカミ少年」のお話があります。「嘘をついてはいけない」とそのまま言うのと、「昔々、ある村に男の子がいました。彼はしょっちゅう『オオカミがきた』と村人たちに嘘をついて、驚く様子を見て喜んでいましたが、ある日、本当にオオカミがきて助けを呼んだ時に誰にも相手にされず、噛み殺されてしまいました」と話すのとでは、相手の受け止め方に大きな違いがあるでしょう。後者のほうが「エピソード記憶」として記憶に残りやすいことは心理学の授業でも習う通りですが、もう一つ大切な要素は、やはりメッセージの送り手と受け手の関係性ではないでしょうか。

たとえ話は、直接的なメッセージではなく、間接的なメッセージです。前述したリフレクティング・プロセスのように、「聞いてもよいし、聞かなくてもよい」というかたちのメッセージになっています。そこには押しつけがましさがありませんから、私たちにとって受け入れやすいメッセージになるものと考えられます。

宮本は、「せまい村の中で毎日顔をつきあわせていても気まずい思いをすることはすくないであろう」と述べています。さらに他の部分では、村と村をつなぐ道路ができてからコミュニティに大きな変化が訪れたことについて書かれています。

つまり、よその村に移り住むことが稀な時代、誰かが悪者になると、そこでは暮らしていけなくなるわけです。悪者を見つけるような話し合いを行っているならば、いずれ自分も悪者にされてしまうかもしれません。ここでの話し合いの方法は、人々が長く一つのところで暮らしていくための知恵であり、誰かを窮地に追い込むことなく新しいストーリーを生み出す実践であるといえるでしょう。

私たちは、一つの問題に対して三日三晩を費やして話し合う時間をつくることはできないでしょうが、宮本の記述からは、新しいストーリーを生み出すための会話のあり方を学ぶことができるように思います。

余談ですが、ワイカト大学でアウトサイダー・ウィットネスのロールプレイを体験した頃、たまたま日本から持ち込んで読んでいたのがこの『忘れられた日本人』でした。しかもこの部分をちょうどたまたま読んでいたことは、自分にとっては驚くべき偶然でした。興奮してワイカト大学の教員に内容を必死に伝えようとしたのですが、英語が拙すぎてうまく伝えられなかったのが少しだけ悔やまれます。

## 2　行為の風景と意味の風景

ナラティヴ・セラピーでは、セラピストの健全な好奇心から生み出される問いかけによって、会話が展開します。その際に、「行為の風景」を尋ねる質問と、「意味やアイデンティティの風景」を尋ねる質問を織り交ぜることによって、会話が広がり、新たなストーリーが生み出されることに貢献できると考えられます。(1)

たとえば、「最近、テニスに凝ってるんですよ」という相手の話に対して、質問を重ねるとします。

「へー、すごいですね。テニスを始めてみようと思われたのには、何かわけがあるんですか?」（意味の風景）

「そうですね。運動不足だったし、ストレス解消でしょうかね」

「とはいえ、時間をつくったり、続けていくのは大変でしょうね。どのような工夫をされてるんですか?」（行為の風景）

「とりあえず、スクールに入って通うようにしてるんです。自分一人では続きませんからね」

「スクールに休まずに通うのはさぞかし大変だと思いますが、いかがでしょうか？」（行為の風景）

「やり始めるとサボるのは嫌なので、ちゃんと通ってますね」

「あなたの休まないで頑張れるところは、どのようなところからきているのですか？」（意味の風景）

「昔からコツコツとやるタイプではありますね」

「他にはどのようなことをコツコツとされてきたのですか？」（行為の風景）

「ジョギングとかですかね。マラソンにも参加しましたし」

「そのようなコツコツと頑張れることについて周りの人がご存知だとしたら、あなたのことをどのような人だとみておられるのでしょうか？」（意味の風景）

「けっこう信頼できる人間だと思われているでしょうね」

「あなたにとってそれはどのような感じでしょうか？」（意味の風景）

「やはり嬉しいですね」

「信頼できるとみられることは、他にどのような影響を及ぼしていると思われますか？」（意味の風景）

「まあ、けっこう重要な仕事を任せてもらったりしてますかね」

いかがでしょうか。

「行為の風景」に関する質問は、「どうやってそのようなことを成し遂げられたのか?」といったことを尋ねるものです。行動や振る舞いについて答えてもらうということは、その人のユニーク・アウトカムを再現できるということを示しています。

「意味の風景」に関する質問は、そのような行動や振る舞いにどのような意味があるのか、ということを尋ねるものです。意味を問うということは、おのずとその人のアイデンティティに関連することについて語ってもらうことになります。

いずれにしろ、これらのことに関して問いかけることによって、新たなストーリーが生み出されます。

ホワイト(6)は、ベイトソン(7)の「差異の知らせ」や「差異の知覚」に注目したと述べています。ベイトソンによれば、情報は差異です。差異を知覚することによって、私たちは情報を受け取ることになります。そしてそこに意味が生じるわけです。

ランプがついたり、音が鳴ること(差異)によって、誰かがきたことや誰かから電話がかかってきたことを私たちは知ることができます。また、くるべき人がこなかったり、提出されるべきものが出されなかったりすることでも何かしらの情報を受け取り、意味が生じます。

いつもは何も言わずに食事をするお父さんが「今日の味噌汁うまいね」と言ったとすると、それを聞いた人々はそこに「味噌汁がうまい」ということ（情報）以上の意味を読み取るかもしれません。しかし、言葉以上の意味に誰も気づかなければ、それは情報にもなりませんし、意味を見出すこともできないでしょう。

ナラティヴ・セラピーでは、問いかけによって差異を認識し、またさらなる問いかけによって新たな意味を生成することを試みている、と私は考えています。新たな意味が見出されることによって、それまで「あたりまえ」とされていたことが、「あたりまえでなくなること」に貢献できるのです。

私たちは、社会的に構成された「問題」に苦しめられていることはこれまで述べてきた通りですが、そのような社会的に構成された「問題」はある意味「常識とされていること」であり、「あたりまえと思われていること」とみることができます。言い換えるならば、私たちはさまざまな「あたりまえ」に苦しめられている。そしてそのあたりまえがあたりまえでなくなることを、社会構成主義では「脱構築」と呼びます。

ナラティヴ・セラピーによるさまざまな問いかけは、この脱構築を目的としているということもできるのです。

〔付記〕
ワイカト大学大学院で体験したアウトサイダー・ウィットネスについての記述は、文献8をもとに再構成したものです。

# 第8章　ナラティヴな会話の実践に向けた練習あれこれ

これまで述べてきたようにナラティヴ・セラピーでは、会話を広げることにより、新たなストーリーをクライエントとともに紡いでいくことになります。

前章では、「行為の風景」と「意味の風景」に関する質問によって、新たな現実（ストーリー）をともに構成していくことができることについてお伝えしました。

この章では、私がこれまでワークショップや研修会などで実施してきたナラティヴな会話の練習についてみていきながら、ナラティヴ・セラピーの目指しているものについて一緒に考えていくことにしましょう。

## 1 「外在化する会話」演習の意味するところ

マイケル・ホワイトのワークショップノートについては第6章で紹介しましたが、そのなかに「外在化する会話」の演習についての記述があり、私もよく研修会で使用させてもらっています。

一〇年以上にわたって実施しているうちに、ある時、ふとした拍子に気づいたことがあります。そして、もしかしたらホワイトが目指しているのはこういうことなのではないか、と思い至ることがありました。以下で、演習方法の紹介とともにその気づきについて述べてみたいと思います。

演習の方法はこうです。

①まず、三人一組になります。
②三人をそれぞれ、当事者役、問題役、インタビュアー役などの役割に振り分けます。
③当事者役は、人に知られても差し支えない問題を問題役に教えます。この時、問題についてくわしい説明は不要です。理由は後で説明しますが、ほとんど説明しないほうが望ましいの

です。たとえば、「物が片づけられない問題」とか「遅刻してしまう問題」など、極力シンプルなかたちで伝えてください。

④当事者役と問題役の二人で、問題の呼び方を決めてください。ニックネームでＯＫです。「片づけられない君」とかでもいいし、思い浮かばなければ「問題」とか「それ」でもいいし、途中でよい名前が浮かんだら変更してもかまいません。あまりここにエネルギーを使わなくて結構です。

⑤まずは第一部。案外難しいものですから、初めての場合は五分程度がよいでしょう。「問題の成功ストーリー」に関するインタビューです。インタビュアー役は、問題がどうやって当事者を困らせているのかについて問題役にインタビューを行います。たとえば、「どのような作戦や工夫によって当事者を困らせることができているのでしょうか？」とか、「困らせたあげくの野望はどのようなものなのでしょうか？」といった質問によって、会話を繰り広げます。問題役に対して「どうやって？」と問いかけることによって、「問題の成功ストーリー」を引き出します。問題役は、当事者の問題についてくわしく知っているわけではないので、想像力を働かせて語ってもらうことになります。そのほうがよいのです。

次は第二部です。今度は、「問題の失敗ストーリー」に関するインタビューです。「作戦が失敗するのはどのような時か？」というような問いかけを行っていきます。ここでも問題役の人は、想像力を働かせて、作戦の失敗について語っていきます。問題の失敗ですから、間接的に、当事者の能力や強さ、つまりユニーク・アウトカムについて想像しながら語ることになります。これも五分程度続けます。

⑥終了後に、それぞれの感想を語ってもらいます。

以上です。

この演習によって、問題を外在化する考え方と、当事者と問題とを切り離すことについて学ぶことができると考え、ワークショップや研修会などで実施してきました。当初は、問題について当事者役から問題役にくわしく説明してもらうようにしていました。時には、問題役が当事者役のことをよく知っている場合もありました。

何度かやってみているうちに、問題役が当事者役のことをよく知っていたりすると、問題の成功ストーリーを語る際、当事者の人格について語ることが多いことに気づくようになりました。

たとえば、「食べすぎ君」に苦しめられている、ということで成功ストーリーを語ってもらうとすると、「この人は前から食べ物に目がないんです」とか、「人目をけっこう気にするようなので、ストレスを溜めやすく、そのウサを晴らすためにやけ食いするんです」などと語ることがあります。こうなると、それは当事者の「人格の問題」について語ることになりますので、内在化されてしまっています。

そこで、当事者役と問題役の人はなるべく面識がないようにすること、問題についての説明を最低限にすることなどの工夫をしてみました。さらに、事前の説明として、「問題についての説明は最低限にするようにしてください。問題役の人は最大限の想像力を働かせて、インタビュアーの質問に答えてください。このようなやり方なので、問題役の語りは、当てはまることもあるでしょうし、当てはまらないこともあります。当事者役の人は、所詮他人の勝手な想像で語られることなので、気楽に聞くようにしてください」と伝えるようにしました。まあ、どうせ勝手な想像なので、聞いてもよいし、聞かなくてもよいのです。

あれ、どこかで聞いたような話ではないでしょうか。

そうです、リフレクティング・プロセスです。リフレクティング・プロセスで家族は、観察グループの語り直しについて、「聞いてもよいし、聞かなくてもよい」と伝えられますが、それに近いものがあります。

つまり、当事者の問題についてほとんど知らない他者が演じることによって、問題は当事者から切り離されたものになります。さらに、問題（役）による語りは勝手な想像にすぎないので、本人に内在化され、責められるという心配は一切ない、ということになります。

このことに思い至った時、私の頭はある一つの考えに占められるようになりました。

「ナラティヴ・セラピーは、クライエントに敬意を払う会話のパッケージだ」

つまり、外在化をはじめ、ナラティヴ・セラピーの会話のプロセスを実践するならば、おのずとクライエントに敬意を払うかたちになっていく、ということです。

この外在化のワークを行うことで、カウンセリングの現場でクライエントに敬意を払うとはどのようなことなのかについて学ぶことができるようになっているのではないか。そんなふうに私は考え始めました。ナラティヴ・セラピーは、ホワイトとエプストンによる、クライエントに対して敬意を払う会話の装置なのだ、などというと大げさでしょうか。

さて、このワークを経験した当事者は、よく次のような感想を述べてくれます。「問題のことをくわしく話してはいないのに、何だかリアルでした」「私とはちょっと違うところもあったけど、このような対処方法もアリかなと思いました」「『失敗ストーリー』で語られた対処方法は私もやっていることで、けっこう自分も頑張ってるんだな、と思いました」そして、「けっこう当てはまってる、ということは、みんな同じようなことで悩んでるのかもしれない、と思いました」。最後のコメントからは、「勝手な想像で演じられるということは、他の人も同じような悩みを抱えた経験があるのだ」と気づくことがわかります。

ただし、これは「みずから気づく」というところがポイントです。他者から「私も同じような経験がある、その時はこのように対処した」と言われるのとは、感じ方が違うと思われます。

## 2　ダブル・リスニングの演習

私たちは、通常、誰かに何かを語る時には、何かしらの「テーマ」について語ることになります。たとえば、

「ねえねえ、昨日さあ、デパートに行ったんだけどさ、そこでほら、高校の時にヨシオっていたじゃん。あいつにソックリな人がいたんだよ。でも、自信なかったから何も話しかけなかったんだけど。で、後であいつにＬＩＮＥで尋ねたんだけど、別人だったんだよね。世の中には似てる人っているもんだねえ」

という感じです。この場合、テーマはたとえば、「ヨシオにソックリな人を見かけた話」ということになるでしょうか。

普段の会話でいちいちテーマについて考えながら話しているわけではないでしょうが、私た

ちはあるテーマに収束するように語っているものです。

先ほどの話をもう少し大きな視点で表現するならば、「びっくりした話」ということになるでしょう。ですから、ここでは「びっくりした話」として収束するように、関連したプロットを重ねることになります。たとえば聞き手が「で、どこが似てたんだよ?」と尋ねたとすると、

「ほら、ギョロっとした目つきとかさあ、眉毛の太いところとか、ソックリだったんだよ。思わず、声かけそうになったもんね」

というように、「ソックリ」だとか「びっくり」ということに関連するプロットが語られることになるわけです。

逆に、「ソックリ」とか「びっくり」と矛盾することや関係ないことは、ここでは語られません。もしも突然「わが家のおでんの作り方」がここで語られると、聞いている人は何の話なのか混乱してしまいます。

しかし、ここで聞き手が、

「でもよく、話しかけないで思いとどまれたね?」と尋ねたとしたらどうでしょうか。

語り手は、

「いや、それがさあ、洋服のセンスが違うし、何だか口元もちょっと違う気がしたんだよ

ね。髭とか生やしてたし」と語るかもしれない。つまり、「ソックリ」とか「びっくり」とは矛盾するプロットが語られたわけです。

ナラティヴ・セラピーでは、語られるストーリーとは異なる、矛盾したストーリーを探索していきます。カウンセリングの場で語られる話（ストーリー）は、当然ながら「困りごとの話」です。外在化の観点から述べるならば、「問題」に困らされているストーリーということになります。ナラティヴ・セラピーでは、「ドミナント（支配的な）・ストーリー」と呼ばれます。

ダブル・リスニングでは、それに代わるストーリーである「オルタナティヴ（代わりの）・ストーリー」を探索します。

カウンセリングでは、たいていは「困りごと」がテーマです。カウンセリングルームに、美味しいたまご料理の作り方についての話をしにくる人はいません（たぶん）。普通は、「困りごと」について話し、解決策を見出すために訪れます。

よって、「困りごと」と矛盾する話は、自然と鳴りを潜めることになります。別に、意図的に隠しているということではありません。先に話したように、他者に対する語りとはそのようなものなのです。そうでなければ聞き手が混乱しますから。

そこで、聞き手であるセラピストは注意深く、オルタナティヴ・ストーリーを探していくことになります。前置きが長くなりましたが、これがダブル・リスニングです。

ここで光を当てていきたいプロットは、まずは「困りごと」の裏返しである希望や願い、ニーズなどに関することです。

それから、「困りごと」に負けないで対抗できている、あるいは対抗しようとしている「ユニーク・アウトカム」、そして「困りごと」のない時である「例外」などについてです。

それでは、簡単な演習を行ってみましょう。ただし、何をするかについては、初めにすべて伝えるのではなく、次の順番に沿って一つずつ指示していくのがよいでしょう。ネタバレすると語りの内容に影響するかもしれません。

①二人一組になりましょう。語り手役と聞き手役を決めます。

②語り手は、最近「びっくりしたこと」や「ショックだったこと」で、他人に聞かれてもよいことについて語ります。聞き手は、関心をもって共感しながら聞くようにしてください。時間は三分くらいでよいでしょう。

③もう一度語り手が語ります。が、今度は先ほどの話では触れられなかったことについて語ってもらいます。つまり、「矛盾していること」や「話さないほうがよいと思ったこと」などです。さらに、「どのように対処したのか」や「どのように乗り越えたのか」についても語っ

てもらいます。

初めの語りのなかでは、「さほどでもない部分」について同時に語ると聞き手が混乱すると考えて、そのような「矛盾したこと」はあえて語られていないかもしれません。また、本人なりに「びっくり」や「ショック」に対処していたとしても、これまた最初の語りの時に触れるものではないでしょう。

ここではそのようなことについて語ってもらいます。聞き手は、同じように関心をもって、共感しながら聞いてください。

④終了後、互いに感想を述べ合います。

いかがだったでしょうか。

ダブル・リスニングは、決して相手の語りを疑いながら聞くというものではありません。通常、「困りごと」は本人を困らせていることではあるのですが、裏を返せば、「そのようなことで困りたくはない」という望みであるはずです。

また、その人なりに「これ以上困らされたくはない」と対処しているところもあるはずです。そのようなプロットについて問いかけ、語ってもらうわけです。

問いかけなければ語られることはないかもしれません。また、矛盾したストーリーは、クライエントしか知らないものです。セラピストが指摘できるものではありません。第3章で述べたグーリシャンとアンダーソンによる「知らない姿勢（not knowing）」によって、好奇心とともに問いかけることが大切なのです。

なお、ダブル・リスニングについては、ウィンズレイドら[1]による解説も参考になります。

## 3　対立状況への対処についての演習

対人援助の現場では、さまざまな対立関係が生じることが少なくありません。対立関係そのものが問題や悩みになっている場合もあるでしょうし、問題の処遇をめぐって対立関係が生じている場合もあるでしょう。

ナラティヴ・セラピーによる紛争解決については、ウィンズレイドやモンクら[2][3]によってまとめられています。くわしい説明はそちらに譲りますが、ナラティヴ・セラピーでは、対立というものを、個人の利害のぶつかり合いから生じるというよりも、各人が属する文化的な圧力に起因する相手への期待の相違から生じると考えます。

ここでは、私がワークショップや研修会で提供している対立状況や葛藤状況への支援に関する演習について紹介してみましょう。

通常、対立や葛藤の状況では、「相手が悪い」というストーリーを双方が持ち合わせていることから、互いに歩み寄ることができません。つまり、「問題」を相手のなかに内在化しています。

このような対立状況において、「どちらが正しいのか」というジャッジを行おうとする立場でかかわると、なかなか結論が出にくい状況に陥ってしまうことは多くの援助者が経験するところでしょう。対立する当事者や関係者たちは、どちらも「自分が正しい」と思っていますから。

ナラティヴ・セラピーにおける支援のポイントは、対立や葛藤のストーリーに影響を受けていないオルタナティヴ・ストーリーを探索していくことです。

そのための一つの会話のもち方は、「外在化する会話」となります。「トラブル」や「対立」を外在化することにより、トラブルや対立とは異なる関係についてのストーリーが浮かび上がってくることが期待できます。しかし、ただの「仲良かった時もあったよね」的な掘り起こしでは、かえって現在の仲の悪さが際立ってしまいますから、逆効果になりかねません。

大切なのは、単なる権利意識ということではなく、当事者たちの願いや希望に焦点を当て、関係性という文脈やストーリーのなかでプロットを探索していくということです。

また、そのプロセスにおいて、ジェンダーや権力関係といった社会的な文脈（あるいは文化的圧力）における支配的なディスコースの脱構築に取り組むというプロセスにつながる場合もあるでしょう。

ただ、ここではあくまで演習なので、いささか単純化したかたちでのワークとします。やり方を順番に示します。

①三人一組になります。二人は夫婦役、残りの一人はセラピスト役です。

②夫婦役は、旅行の行き先で揉めているという設定とします。一人は北海道、一人は沖縄に行きたいという希望をもっている、という対立状況です。このようなことでカウンセリングを受ける人はいないでしょうが、まあ演習なので大目にみてください。また、北海道や沖縄のことをよく知らない場合でも、情報の正確さについては目をつぶることにしましょう。

細かい点ですが、ここで対立状況にかかわるのはあくまでセラピストという設定です。旅行会社の社員ではありません。よって、最終的に「旅行に行かない」という選択もあり得るでしょう。

③セラピスト役は、この対立状況にかかわり、何かしらの合意形成を目指すことがミッションです。夫婦役には、「安易な妥協をしないようにしてください。あいだをとって東京にする、などということのないようにしましょう」と伝えます。時間は七分くらいでよいでしょう。案外難しいものです。

さて、どうなるでしょうか。たいていセラピスト役は、夫婦それぞれの主張を聞くことに精一杯だと思われます。北海道のよいところ、沖縄のよいところ、なぜ行きたいのか、それらについてセラピスト役が共感的に聞いていくことが基本ではあるのですが、そうすればするほど、それぞれの主張はどんどん強くなり、互いの主張の違いが際立ってきて収拾がつかなくなるかもしれません。

現場での対立関係では、これに相手への攻撃が加わりますから、交互に話を聞けば聞くほど対立は深まっていくばかり、ということもよく経験されるところでしょう。

さて、収拾がつかなくなってしまうという難しさを体験したところで、演習では次のようなヒントを出してみます。

「セラピストのみなさん、今度は、『夫婦で旅行に行く』というプロセスに注目してみてください。それぞれ一人ひとりで行くのではなく、二人で旅行に行くために相談にきているわけです。どうして二人で行くのでしょう。この旅行は二人にとってどのような意味があるのでしょう。自分が主張している行き先に関しては、パートナーに何を見せたいのでしょうか。何を体験させたいのでしょうか。このようなことに関してインタビューを行ってみてください」

もちろん夫婦役は急ごしらえのインスタント夫婦ですから、質問されたことにはその場で考え、アドリブで答えることになります。それでも、セラピストの問いに答えていくうちに、それぞれのストーリーが浮かび上がってきます。

時には、妻役の人によって、「これまでの夫婦旅行はいつも夫の行きたいところに行っていましたが、結婚三〇周年の今度ばかりは私の希望する場所に行ってもらいたいと思い、頑張っているところなのです」などと、妙にリアルな夫婦関係について語られる、ということもあります。

そのような関係性に注目して、妻が夫を支えてきたことを労い、夫もそれに同意するならば、旅行には妻への感謝の意味合いが込められることになるかもしれません。

このようにして、関係性のストーリーに注目することで、対立や葛藤の染み込んでいないストーリーが浮かび上がってくるのです。

## 4　対人援助場面における対立状況への応用

さて、このような対立場面を実際の臨床の現場と照らし合わせて考えてみましょう。

たとえば、不登校の両親への支援を想定してみます。子どもにどのようにかかわるかについて両親間で意見の一致をみないことは、よくあります。母親は、「もっと子どもの気持ちを尊重してあげたい。ゆっくり休ませてあげたい」と考えており、父親は「無理やりにでも学校に行かせるべき」と考えている場合などがあります。

セラピストが両親の対立状況に巻き込まれてしまうと、どちらが正しいかのジャッジを求められ、苦しい立場に置かれることになるでしょう。「子どもの状態から判断する」という立場ももちろんあるでしょうが、両親の関係性や子どもを交えた関係性をまったく考慮せずに何かしらの判断を行うことは、いささか乱暴かもしれません。

また、対立関係そのものを問題視してしまうと、このように仲の悪い両親だから子どもの問題が生じる、などと内在化することになり、今度はセラピストと両親の対立関係という新たな「問題」が生じることになるでしょう。

対立の文脈やストーリーに焦点を当てると、小さなひび割れも大きな裂け目に見えてくるものです。反対に、細い糸も拡大鏡で見れば、明石海峡大橋くらいのつながりに見えてくる、といえば大げさでしょうか。

一見正反対に思える両親の意見の食い違いのなかにも、「つながりのストーリー」があるはずです。それは、「子どもへの願い」に他なりません。「ゆっくり休ませたい」も「学校に行かせたい」も、ともに子どもの幸せを願うという点では一致しているわけです。

つまり、究極の願いは「子どもに幸せになってほしい」ということであり、この点においては母親も父親も合意することができるでしょう。もう少しだけ願いの水準を落としてみると、たとえば「学校で楽しく過ごしてほしい」という点でも一致するのではないでしょうか。他には、「友だちをたくさんつくってほしい」とか、「充実した毎日を過ごしてほしい」などについても一致するでしょう。

反対に、願いの水準をもっと身近なものにしてみます。たとえば、「楽しく一緒に食事が食べられるようになるといい」とか、「家族で一緒に楽しい時間を過ごせるようになりたい」。さらに身近なものにすると「笑顔をチラっと見せるようになってほしい」など。こういった点でも、両親の願いは一致するでしょう。

このように、願いや希望についてたくさん語ってもらうことができれば、母親と父親の考えの不一致は、願いや希望の水準の違いであることがみえてきます。

とすれば、「どちらが正しいのか」ではなく、「どの順番が、今、この子にとって適切か」という話になっていくでしょうし、学校に行かせることよりも前に達成できることについての会話に移っていくかもしれません。そのような会話を広げることができると、「なぜ対立するのか」「なぜ反対の意見を主張するのか」というストーリーとは別の、「子どもへの願い」のストーリーに光が当たることになります。

このように願いや希望について理解しようとする姿勢のことをホワイト(4)は、「志向的状態理解」と呼びました。

反対に、その人はどのような人か、あるいはどのような状態かという理解の仕方を「内的状態理解」と呼びます。「この人は不安の強い人だ」とか、「抑うつ状態にある」などという理解です。これらは外部からの評価であり、先に述べた主体性の感覚であるエージェンシーが損なわれる可能性があります。

一方で、志向的状態理解は、「その人がどのようになりたいのか」ということに関するものであり、当事者とともに作り上げていく理解の仕方です。内的状態理解が一方的な評価で静的であるのに対して、志向的状態理解は協働的であり、常に生み出されるものですから、動的であるといえます。

個人との会話においても、この志向的状態理解によって新たなストーリーをともに構成していくことに貢献できるわけですが、対立状況での支援においても、このような会話を組み立てていくことで合意形成の可能性が広がっていくものと考えられます。

先の不登校の子どもをもつ両親の例でも、笑顔をチラっと見せることすらできない子どもが、急にスタスタと学校に行けるようになるとは思えません。

願いや希望に関する会話を広げていくなかで、どの目標に向かっていくのが現実的なのかについて話し合うことで、一致するポイントを見つけることができるでしょう。仮にそのプロセスで意見が分かれそうになったならば、「いかに子どものことを大切に思っているのか」ということに立ち戻って、両親それぞれに語ってもらうことができます。

また、相手の行っている子どもへのかかわり方で続けてほしいと思っていることについてインタビューすることができれば、互いのかかわり方のよいところを再確認できるでしょう。そして、それぞれの「問題の染み込んでいない」関係性のストーリーについての会話を広げることにつながっていくと考えられます。

## 5　希望を広げる会話の演習

ワークショップや研修会で私が必ずといってよいほど行うミニ・ワークがあります。私は「クリスマスプレゼントのワーク」と呼んでいます。いい大人がクリスマスプレゼントでもないやろ、などというツッコミも聞こえてきそうですが、まあ、これもご勘弁ください。

さて、手順はいたって簡単です。

①二人一組になり、語り手と聞き手に分かれます。

②聞き手はインタビュアーです。「この世にサンタクロースがいるとして、何でも好きなも

のをあげると言われたとしたら、何を望みますか？」という質問から始めてください。形のあるものか、ないものかは問いません。

③語り手は、心に浮かんだものについて自由に語ってもらって結構です。聞き手は、関心をもって相手の話に耳を傾けてください。ただし、聞き手のポイントとして、語り手から語られたことに対して、「それがもらえたとしたら、今とどのような違いが生じるでしょうか？」という問いかけをしてください。「もらえたとしたら」だけでなく、「もらえるとわかったとしたら」生じる違いなどについても問いかけてみてください。

④聞き手のミッションは、最初に語られた内容からできるだけかけ離れたことについて語ってもらうことです。時間は三分くらいでよいでしょう。

実際にやってみると、意外に初心者にとっては簡単でないことに気づくと思います。たとえば、最初に「高級スポーツカーが欲しい」と語り手が語ったとします。聞き手は、スポーツカーとまったく関係のない語りまで広げていくことができれば成功です。次のような感じです。

「それをもらったら、どのような違いが生じるでしょうか？」

「いやー、もう、もらえるとわかっただけでウキウキしてしまいますね」

「今の様子とどのように変わってくるのでしょうか？」

「職場でニヤニヤして、周囲からも『何かいいことあったの？』などと尋ねられるかもしれませんね」

「それによって、どんなふうな違いが生じるのでしょうか？」

「職場の人との会話が弾んで、仕事もはかどるかもしれませんね」

「周りの人は、あなたのどのような違いに気がつきますか？」

「なんだか最近、機嫌がいいし、仕事もはかどってるみたい、と思うかな」

「それによって、どんなふうに違ってくるのでしょうかね？」

「職場での評価が上がるかもしれませんね。あいつに任せてみようって」

「信頼が今よりも高まる、ということでしょうか？」

「そんな感じです」

質問責めのように感じるかもしれませんが、これも練習ですし、むしろ質問を生み出す演習として理解してもらえればよい思います。

この例では、「高級スポーツカー」から「職場での評価」という無関係なところまでたどり着くことができました。ここでは、「どのような違いが生じるのか？」という問いかけを続け、それに答えてもらっているわけですが、ここで語られていることは、すべて語り手の望んでいることには間違いありません。スポーツカーがもらえた時に生じる変化ですから、望んでいないことを語ることは基本的にはないでしょう。ということは、志向的状態理解の内容についてそれだけたくさん語ってもらえた、といえます。

願いや希望についてたくさん語ってもらえたということは、それだけゴールが増えるわけですから、達成できる可能性も高まります。そうすると、すでに達成できていることやそれに近いことも見つかるでしょうから、ユニーク・アウトカムについての語りが増える可能性が広がります。

願いや希望は、一つである必要はありません。スポーツではゴールは一つと決まっているかもしれませんが、対人援助やカウンセリングでは一つである必要はまったくないのです。たくさん語ってもらえることが大切です。

これを経験したワークショップの参加者からは、「夢が広がった」という感想だけでなく、「自分がこんなことを望んでいたとわかって驚いた」とか、「結局仕事が大切だとどこかで考えているとわかりました」などといった感想が聞かれることがあります。

短時間ですむことから、ワークショップの初めのほうでアイスブレイクとして用いることも可能です。どうぞ試してみてください。

第9章

# 会話のパッケージとしてのナラティヴ・セラピー

## 1 「会話のパッケージ」とは何を意味するのか

前章で、「外在化する会話」の演習を通して、ナラティヴ・セラピーはクライエントに敬意を表する会話のパッケージではないかという考えが私の頭を占めることになった、と述べました。

私たちが「問題」と捉えている事柄は、その時代や地域の社会システムや価値基準のなかで「問題」とされます。たとえば、現代の日本の教育システムのなかでこそ学校に行くことが「あたりまえ」という常識になり、学校に行けないことが不登校という「問題」として認識されるわけです。

つまり、ある意味では、特定の社会システムのなかでコミュニケーションのパッケージが規定されてくることによって、問題が問題として認識されるということになります。

ナラティヴ・セラピーは、これらの「あたりまえ」に対抗し、クライエントに敬意を表するコミュニケーションのプロセスというパッケージを用いることによって、「あたりまえ」の強制力から自由になり、その人がその人らしく生きることを応援するセラピーである、と私は考えています。

「強制力に対抗する」ということを書いていて、ふと思い出したことがあります。ワイカト大学大学院の授業に参加した時のことです。授業の始まりの時の自己紹介や、あるセッションが終わった後の感想を述べる際、円形に座っていることが多いのですが、決して右回りとか左回りとかの順番通りに話すということがありませんでした。話したいと思う人から自発的に発言するのです。

考えてみると、私たちがふだん何気なく用いている「順番に話す」という方法には強制力があります。順番が回ってくれば話さなければならないのです。だんだんと順番が近づいてくるとドキドキした経験は誰しもあるでしょう。

ワイカト大学大学院の授業では、発言の自発性を大切にしていましたので、時には次の人が話すまでにしばしの沈黙ができ、全員が話し終えるのにそれなりの時間を要することもありました。しかし、みなが辛抱強く、各人が話したいと思うタイミングまで待つことが習慣になっていたのです。参加者はみずからの発言するタイミングを自分で決めることができるという点で、尊重されている感覚をもつことができたと思われます。

さて、カウンセリングや対人援助の場面でクライエントに敬意を表するとは、どういうことなのでしょうか。このことについて、私自身の考えを述べてみたいと思います。

## クライエントを責める立場に立たないこと

クライエントを責めようとしてカウンセリングや対人援助を行う人はいないでしょう。しかしながら、図らずも結果として責めるかたちになってしまうことはありえます。

第2章でも述べましたが、問題の原因を誰かに求めることや否定的なラベルを貼りつけることなどは、結果として相手を責めることになるかもしれません。つまり、問題について内在化される状況で私たちが傷ついてしまうことは稀ではないでしょう。

また、あまり役に立つとは思えないアドバイスをされることで、間接的に責められるような感覚に陥ることもあります。これも先に述べましたが、たとえば、ひきこもりや不登校の子どもの両親が相談に行った際、そこの専門家から「本人を連れてこないと意味がない」とか、る」と言われていることとしては、「クヨ」……

「連れてきさえすれば薬で治る」などと言われることがあります。両親は、本人を連れてくることができないことで悩んでいるにもかかわらず、です。そうすると両親は、「連れてくることができないあなたたちに問題がある」と言われているかのような感覚に陥るのではないでしょうか。

この他にも、実行が難しいことに関するアドバイスもあまり役に立たないでしょうし、本人を責めるかたちになることがあるでしょう。たとえば、「もっと物事を前向きに考えなさい」などです。そもそも肯定的に考えることが難しいから困っているわけなのですが、そのような思考パターンに問題があるとみなしてしまっているわけです。言われたほうとしては、「クヨクヨとマイナス思考ばかりの自分が悪い」と自分を責めることになってしまうでしょう。

だいたいこのような時は、アドバイスする人は困っている人に対して、いわゆる「正しいこと」を伝えようとしています。しかし、「正しいこと」は誰でもわかっているものであり、それができないことに当事者は苦しんでいるのです。

よって、「正しいこと」が必ずしも「うまくいくこと」と同一とは限りません。「うまくいくこと」は、他者から言われたことではなく自分自身の内から生まれるものでなければ、実行してみること、そしてうまくいくことにはつながらないかもしれません。そして自分の内から生まれるためには、対等な関係性のなかで会話を重ねることが大切だということはこれまでも述べてきました。

また、間接的なメッセージであるたとえ話のほうが、直接的な説教や説得よりもメッセージの受け手にとって受け入れやすいことについても先に触れました。

このことに関係して、ある時、テレビ（ＭＢＳ「サワコの朝」）を観ていたら、お笑いタレントの千原ジュニアさんが自身のひきこもり体験について話をしていました。中学受験をして中高一貫の進学校に入学したものの、周囲の生徒が勉強ばかりしていて馴染むことができず、不登校になってしまったそうです。

家族からいろいろと働きかけられることで、むしろますます部屋にこもりたくなったと語っておられました。そのような時、唯一安らぎを感じることができたのがおばあさんとの関係だったそうです。おばあさんが別のところに住んでいたことも、心理的な距離としてほどよかったのかもしれません。

そんなおばあさんが、家にこもっているジュニアさんを誘って一緒に金沢旅行に出かけたそうです。兼六園のベンチで休んでいるところに、修学旅行の集団がやってきました。学校に行っていないジュニアさんはバツが悪く、二人のあいだに気まずい空気が流れたそうです。

そこに一羽の鳩が降り立ち、歩き始めます。おばあさんは、「鳥も飛んでばっかりやったら飽きるから、たまには歩きたいわな」と独り言を言ったそうです。

ジュニアさんは、それで救われた気持ちになったことをよく覚えている、と話していました。

ここには大切な要素があるように私には思えます。一つは、たとえ話の効果です。先に述べたように、たとえ話には強制性がありません。どのように受け取るかは受け手の自由です。

また、おばあさんとの心理的な距離も大切だったと思います。親では近すぎるのかもしれません。親には「親として解決しなければ」というプレッシャーが生じますし、子どもの立場ではそれを圧力と感じるでしょう。おばあさんとの距離は心理的にほどよく、その言葉を受け入れやすい関係性だったのでしょう。

また、「独り言のように」話したというのも、「聞いてもよいし、聞かなくてもよい」立ち位置であるといえます。

ナラティヴ・セラピーの考え方としては、個人のなかだけで問題が生じるわけではないし、個人のなかだけでの解決を強いるものでもない、ということができます。

### クライエントの主体性を大切にする

当事者がみずからの力でこれまでとは違う一歩を踏み出せるようになるためには、誰かから何かを強いられるという状況では逆効果です。そのような状況では、反対に反発してしまいます。ここで、「対人援助で私たちは何を目指すのか」について、いま一度考えてみることにしましょう。

たとえば、プロローグで示した対人援助のモデルのなかに、「修理工モデル」というものがありました。物事には正常なかたちがあり、問題を見つけて取り除き、異常な状態を正常な状態にするという考え方です。

この場合には、まず正常という概念が必要になります。そして、正常でない状態が異常です。よって、正常からいかに逸脱しているかという評価が行われることになります。

この評価は当然ながら本人によるものではなく、外部からの評価ということになります。このような評価のことを、医療現場であれば「診断」と呼ぶでしょうし、心理援助では「アセスメント」と呼ぶでしょう。これに問題を抱えた本人が同意するかどうか、あるいは好むかどうかは関係がありません。つまり、主体性の感覚であるエージェンシーが発揮される余地はないといえます。

ナラティヴ・セラピーでは、このような意味での評価を行うことはありません。

北海道の浦河町に、精神障害等を抱えた当事者の活動拠点である「べてるの家」があります。そこには「自分でつけよう自分の病名」というスローガンがあります。

既存の精神医学的な診断ではなく、みずからの手で「病気」の名前をつけること、そのことについてミーティングで話し合い、症状のさまざまな特徴やそれらへの対抗手段についてのアイデアを出し合います。

診断や病名は一般化されているものですが、個人の体験はそれぞれ一人ひとり異なります。よって、対処方法もそれぞれのオリジナルが必要になってきます。

英国心理学会は、統合失調症と診断されている人たちに対する心理援助についての新しい理解の仕方と支援について、実に画期的な文書をホームページ上に公開しています。これは国重ら[1]によって、『精神病と統合失調症の新しい理解』というタイトルで日本語に翻訳されています。そこには、従来から統合失調症の症状であるとされている「幻聴」や「妄想」があるからといって、すぐに生物学的な（薬物による）治療が必要であると決まっているわけではないことや、「幻聴」も当事者の助けになっている場合があることなどについて書かれています。ここでは「症状」という用語の代わりに「体験」という表現を用いており、「統合失調症の人々」とする代わりに「統合失調症と診断された人々」と表現しています。ただし、「疾病だと考えることが役に立つ人々もいる」ことも認めています。大切なのは、（医学的に）正しいかどうかではなく、「役に立つ」という視点によって書かれている点であると考えられます。

また、会話によって、自分の体験していることについての解釈を行う機会を提供することが支援では不可欠であるとしています。当然ながら、「病気である」というような理解様式を受け入れるように強いるべきではない、ということです。これは、壊れたところを直す（治す）のとは異なるモデルによる支援であるといえそうです。

専門家だけの情報をもたないということは、ナラティヴ・セラピーを行ううえでは大切な姿勢の一つです。デイヴィッド・エプストンは、いわゆるカルテを作るのではなく、記録を手紙のかたちでクライエントとシェアしています。私が彼のオフィスを訪ねた時には、面接の後にEメールをクライエントに送っていることを教えてもらいました。当初はカーボン用紙でシェアしていたそうですが、インターネットが普及してからはEメールを使用し始めたようです。メールでは、オフィスでの会話をどのように自分が理解したのかが専門用語ではないかたちで表現され、また、メールを書くプロセスで思い浮かんだ疑問が、たいていは脱構築のヒントとなりそうな問いかけのかたちで投げかけられていました。

このように専門家だけの情報をもたないということは、「透明性」という言葉で表されます。専門家としてのアセスメントは、それをクライエントにそのまま見せると傷つけかねない場合もあります。そして、自分のいないところで自分のことを評価されるような立場に置かれたいとは、誰も思わないでしょう。

第3章でも少し触れましたが、近年注目を集めているフィンランドの地で発展したオープンダイアローグ[(2)]もまた、専門的な診断を行わず、何が起こっているのかについて話し合い、対話によって理解を共有していくことを重視します。また、当事者やその家族のいないところで重要なことを決定しないというかたちで、透明性を担保していると考えられます。

## 責めないことは生み出すこと!?

このようにクライエントを責める立場に置かないことは、対人援助の現場で最も基本となる倫理的な事柄です。医療においても心理臨床においても、守るべき倫理綱領の最初には必ず「患者やクライエントを傷つけないこと」が置かれます。

しかし、人間を理解するための理論が先行すると、つい相手をそこに当てはめようとしてしまうことがあります。自戒を込めて述べるならば、たとえばある事例でうまくいった方法を別の人にも当てはめようとするかもしれません。成功体験をすればそのことをセラピストも学習しますから、これはよくあることです。

しかし、それでうまくいく時もありますが、そうではない時も起こってきます。人は一人ひとり違いますから。その際に自分のやり方を変更できればよいのですが、そうでない時には、相手（クライエント）に原因を求めてしまうかもしれません。「モチベーションが低いから」とか、「他の関係者がこちらの方針とは矛盾したことをしたから（あるいは言ったから）」など。

そうなると、もう会話は滞ってしまいます。会話が続かなければ、新しい現実が生まれる余地はありません。

ナラティヴ・セラピーにおいてクライエントを責めない立場に自分（セラピスト自身）を置くということは、倫理的な事柄であると同時に、新しい現実を生み出すための対等な関係性を築くということにもつながります。このような新しい現実を生み出すプロセスをシステム理論の文脈でみていくならば、オートポイエーシス理論ということになります。

現実はコミュニケーションのなかで構成される、というのが社会構成主義の考え方です。コミュニケーションのなかで構成される、つまり生み出されるためには、会話が続くことが不可欠です。一方通行や上下関係のなかでは会話はひらかれず、すぐに閉じてしまいます。田中[3]は、会話を続けることが、新たな現実を生み出すという自己産出システム（これをオートポイエーシスと呼びます）につながるということを、その見事な論文で解説してくれています。

しかし、そこで必要となる対等な立場は、自然と生まれるものではありません。対人援助における専門家は自然と上の立場に置かれることになりますから、クライエントと対等な立場に自分を置くためには、相当な努力を要します。ただ単に、「専門家でも立場は同じ」などと声高らかに宣言したところで、クライエントがそのように感じるかというと、否です。とっても偉いと思っている人から「みなさんと同じ目線で」などと言われても、まったく実感がわかないのと同じです。

対人援助の専門家とされる人たちが、クライエントと同じ目線や立場になるためには、努力や姿勢はもちろんですが、それ相応の仕組みが必要だとマイケル・ホワイトは考えたのではないか……というのは私の妄想かもしれませんが。

少々飛躍しますが、カウフマン[5]の自己組織化理論は、「生命は多くの場合、カオスと秩序のあいだで平衡が保たれた状況に向かって進化する」という仮説を立てています。ナラティヴ・セラピーでは、新しいストーリーを生み出すためのカオスと秩序の絶妙なバランスのとれた環境にクライエントとセラピストを導こうとしている、といえばいささか大げさでしょうか。もう少しマイルドに述べるならば、ナラティヴ・セラピーはそのような専門家としての努力のあり方の一つといえると思います。

相手を責めることになる内在化の考え方に異議を唱え、対等な立場に自分を置くということは、倫理的な事柄であると同時に、効果的で役に立つ対人援助の会話のプロセスを実践するために必要不可欠な条件です。端的にいえば、私たちが会話を続ける努力をすることがそのまま役に立つ、つまりは新たなストーリーを生み出すことのできる対人援助につながっていくのではないでしょうか。

## 2　問いかけることの意味とは何か

会話のパッケージとしてもう一つ重要な意味をもつのが問いかけ、つまり質問です。ナラティヴ・セラピーにおけるセラピストの振る舞いでとても重要な位置を占めるのは、問いかけであることが見て取れます。

現在の社会構成主義に基づく心理療法は、質問を中心とした介入であるということができます。そこには、第３章で述べたグーリシャンとアンダーソンによる「知らない姿勢（not knowing）」が大きな影響を及ぼしています。

ソリューション・フォーカスト・アプローチは、質問を中心とした介入により、問題をなくすのではなく「解決を構築する」と提言したことで、心理療法に変革を起こしました。ディ・シェイザーらの調査では、来談したクライエントの実に六六％が面接の開始前に何かしらの肯定的な変化を体験しているという結果が示されたことは第３章で述べました。つまり、予約を入れ、最初の面接に訪れる前に、ほとんどの人がすでに改善しているわけです。この結果をもとに、彼らは初回面接の際に「面接（治療）前の変化」について尋ねるようになり、効果を上げています。

第3章では、改善について尋ねることが重要なのではないかと述べました。繰り返しになりますが、初回面接の時に「ここに来るまでのあいだに生じたよい変化はどのようなものでしょうか?」と尋ねることで、クライエントはよい変化のプロットを探索することになります。私たちは日々変化のなかで暮らしていますので、よい変化を探し始めると、そこに改善のストーリーが浮かび上がってくるわけです。

ついでにいえば、「よい変化は生じましたか?」という質問では、「いいえ」という答えが返ってくる可能性があります。「生じたよい変化はどのようなものでしょうか?」という質問であれば、よい変化が生じたことが前提になっており、クライエントがよい変化を探しやすくなるような工夫がなされています。よい変化について尋ねることそれ自体が、よい変化を見出すことにつながるのです。

ここで語られるよい変化は、ナラティヴ・セラピーではユニーク・アウトカムということになるでしょう。東は、(4)このような家族の会話を丹念に広げる方法を「予約療法」としてまとめています。家族の努力や工夫を見事に拾い上げ、家族のリソースとして立ち現れてくるプロセスが生き生きと逐語のかたちで描かれています。

このように、これまで光の当たっていなかったプロットに光を当て、新しいストーリーをともに紡いでいくきっかけとなるのは、質問、つまりは問いかけです。しかも、単に情報を聞き出すための、あるいは一方的に聞きたいことを聞くための質問ではなく、あたりまえがあたりまえにみえなくなるためのきっかけとなる質問を投げかけること、そして新たな現実を構成するための会話のプロセスを育むことにつながる質問を投げかけることが重要です。

このような問いかけを行うことで、会話が閉じてしまわないように努力を続けること。そのようなことが、私たち対人援助職には求められているのではないかと考えています。

エピローグ

# 社会構成主義は世界を救う、のか⁉

長く書き続けてきたせいでだんだんと自己が肥大化してきたのか、ずいぶんと大げさなタイトルをこのエピローグにつけてしまいました。

ここまで、私たちの悩みや苦しみの多くは人間関係のなかで生じてくることについて述べてきました。人間関係そのものが問題であったり、あるいは抱えているつらさについて理解されないことによってさらに苦しみが増すことなどです。

社会構成主義の考え方の中心は、唯一絶対の現実や真実というものはない、というものです。

純粋な気持ちで何かしらの真実を追求している人にとっては、いささか残念な考え方に思えるかもしれません。それではいったい何を求めて学べばよいのか、と。

しかし一方では、多くの対立関係は「唯一絶対の真実」をめぐって生じる、といっても過言ではないでしょう。

時代は、どんどんと変化しつつあります。近年では、多様な価値観が許容されるようになってきましたし、そのような傾向は加速度的に広がっています。このような多様性を受け入れる時代の背景には、「物事は拠って立つ視点によって見え方が違ってくる」といった社会構成主義の考え方があるのではないでしょうか。

どの視点に立つかよって見え方は異なりますから、当然ながら、大切だと思うことや価値観は人それぞれで異なることになります。生まれ育った文化が違えば価値観も異なることは、いろいろな場面で経験されます。私たちにとってまず身近な異文化体験は、結婚生活だったりするのかもしれません。同じような家庭環境で育ったと思っていても、夫婦間の些細な違いは徐々に大きな亀裂に発展し、ついには……などということは珍しくないでしょう。そこでいかに違いを受け入れ、擦り合わせを行いながら、新たな「文化」、つまりは自分たちの新しい家庭を作り上げていくのか。そのプロセスが結婚生活であるといえなくもありません。

もちろん、結婚に限らず、職場で新しいプロジェクトチームをつくっていくとか、新しいサークルを立ち上げるなど、新たな人間関係が生じるプロセスでも同じようなことがいえるでしょう。

つまり、自己の文化を主張するというよりも、相手の文化を受け入れることが、新たな文化の創造につながっていくことになります。その際、関係性が対等でないと、コミュニケーションが膠着したり、さらに複雑になったりするのではないでしょうか。

そうして考えてみると、対人援助の仕事は異文化体験に他なりません。もっと広げて考えるならば、そもそも対人関係とは異文化体験そのものです。「正しい」とか「間違い」とかではなく、ただ「違う」ということを受け入れる必要があるわけです。

すべての対人関係に対して、異文化体験であるという感覚で臨むことができれば、世の中はまた違った見え方になってくるのではないでしょうか。多くの対立は、相手に対する期待から生じるものであり、その期待は、相手も自分と同じ価値観をもっているということが前提となっているからです。

対人関係において、相手に対する期待というものは、相手に自分の望む行動を求めることではなく、相手のなかにある前向きで肯定的なところや、自分と共通する望みなどを見出すことができるはずだ、という可能性に対するものであるべきでしょう。また、相手の立場を認めることのできる会話をともに作り出すことができるはずだ、ということに対して期待をもつことが大切なのかもしれません。さらに、相手にこのようなことを期待しろと求めるのではなく、まずは自分自身が相手に対してそうした期待をもつことが大切でしょう。相手を変えることはできませんから。

自分自身が相手に対する見方を変えること、つまりは認めることができれば、会話のプロセスも違ったものになるはずです。

第8章では、対立がそれぞれのもつ文化の圧力によるという理解について述べました。対人援助職である私たちは、相手に行動を求めるのではなく、相手の文化のどのような圧力によってその人が突き動かされているのかに関心をもつことが大切なのではないでしょうか。「正しいこと」を相手に強いるならば、会話が続くとは思えません。

第9章で紹介した英国心理学会による『精神病と統合失調症の新しい理解』[1]の冒頭に、精神分析医であるカール・メニンガーの言葉があります。以下にその一部を引用します。

「針にかかった魚がぐるぐる旋回する様子は、事情のわからない周りの魚には奇妙に見えることだろう。しかし、魚が跳ね回ること自体が苦悩なのではなく、その行動は魚が苦悩から抜け出そうとする努力の結果なのである。そして、漁師は皆、魚がうまく逃れることもあるのを知っているのだ」

私たちは、何か問題が生じるとそれを解決しようともがきます。そのこと自体が周囲から奇妙にみえたり、あるいは新たな問題を引き起こすこともあるかもしれません。他の人からみると「ありえない」ようなことでも、本人にとっては一生懸命にもがいている結果です。ナラティヴ・セラピー流にいうならば、文化の流れや圧力のなかでのもがき、ということになるでしょう。

「文化の圧力」を別の言葉に置き換えると、「文脈」になります。コミュニケーションの観点から述べると、「人と人との相互作用の流れ」となるでしょうか。ありきたりな言葉を使うなら、「その人なりの事情」ということもできます。

社会構成主義の立場から、目の前の人の視点や立場について教えてもらい、理解しようとしたり想像したりする。そのことによって会話が続いていくならば、相手にとって意味のあるストーリーが見出されていくでしょう。

簡単に結論を出してしまうのではなく、ネガティヴで答えの出ない状況に耐え、とどまること。そのような能力について帚木[2]は「ネガティブ・ケイパビリティ」という概念を用いて説明しています。

ナラティヴ・セラピーはその一つの形かもしれません。その実践を通して、会話が閉じないように、会話を終えてしまわないための努力を続けていくことによって、悩みや問題、そして対立のストーリーとは異なる、新たなストーリーが生み出される。こうして考えてみると、私たちが学んできたカウンセリングや心理療法の理論や技法がうまくいくため、役に立つための要素は、すべて「会話を続ける」ことを目指したものであると思えてきます。

対人援助の場面での会話が続けば、そのことによってクライエントが家族やその他の関係者との会話を回復することにつながる、あるいは新たな始まりにつながるのではないかというのが、現在の私の考え方の中心です。よって、対人援助の現場での会話が役に立っているのかどうかは、会話を閉じることになっていないかどうか、会話が続く要素が保たれているかどうかをチェックすることによって確認できるかもしれません。わかったつもりになっていたり、相手のことを否定的に見始めたら要注意です。

相手の立場から物事をみる視点を想像することができれば、心の問題に苦しむ人々への偏見や責任追及は和らぐのではないでしょうか。

このような視点をもつことで、不登校やひきこもりの人々、もしくは精神障害に苦しむ人々やその家族などが、社会的な意味合いで「そのままでもよい」と思えるようになれば、苦しみのいくらかは和らぐことが期待されます。もちろん、改善しなくてよいと述べているのではありませんし、「そのままでもよいでしょう」などと相手に伝えるのがよいと思っているわけでもありません。これらの問題に苦しむ人に対して、周囲の人々がそれぞれのあり方を責めるのではなく、理解していけるような世の中になれるとよい、と願っているのです。

そのような社会に近づくために、私たちは努力を続ける必要があるでしょう。社会構成主義の理解は、そのような動きや考えの発展に寄与するのではないかと思っています。

最近は、「対話主義」という言葉もみられるようになってきました。本書では対話と会話の言葉はとくに区別しておりませんが、いずれにしろ、対話、あるいは会話を続けていく努力とそのあり方について学ぶことが、さまざまな問題状況への対処として大切なことであるといえます。

このように、私たちが会話に対する絶対的な信頼をもつことができるならば、クライエントに対して圧力をかけるということは生じないし、私たち自身に作用する圧力からも解放されるように思います。

いささか単純化しすぎかもしれませんが、このような見方はみなさんにとっては、いかがでしょうか。

あ、そうそう、プロローグに書いた対人援助のモデルですが、ナラティヴ・セラピーはそのうちどれに当てはまるでしょうか、という問いがありました。

みなさんは、どのようにお考えでしょうか？

私自身は、建築家モデルと政治家モデルを合わせたものに近いのかな、と考えています。

建築家は、建築に関しての知識を持ち合わせていますが、注文者の好みについて知っているわけではありません。どのような家に住みたいのか、どのようなライフスタイルを好むのか、それらについて建物を建てるという枠組みのなかで教えてもらい、現実的に可能な建築に向けた会話をつなげていきます。

また、「社会的なディスコースに対抗する」という観点では、政治家モデルも少しだけ入っているといえるかもしれません。私自身がそうというわけではないのですが、ホワイトをはじめナラティヴ・セラピストは、その実践を政治的な営みであると表現しています。クライエントとともに社会的なディスコースに対抗するということが、そのような位置づけになるのだろうと私は理解しています。

さて、ナラティヴ・セラピーに関するこれらの考え方は、みなさんにとってどのようなものだったでしょうか。会話を続けましょう。

# おわりに

『今日から始まるナラティヴ・セラピー』、いかがだったでしょうか？

「始まる」じゃなくて「始める」じゃないの？　と思われた方も多いでしょう。実は最初はそのつもりでした。

しかし、この本を手に取っていただき、読んでもらった時点で、すでにみなさんは手に取る前には戻れないのです。新しい現実が構成されたわけです。

となると、「始める」のではなく、もうすでに「始まっちゃってる」わけです。

かといって、「今日から始まっちゃってるナラティヴ・セラピー」だとちょっとくだけすぎになってしまうので、「始まる」にとどめました。

この本は、心理療法やカウンセリングなどを含めた対人援助に関して私自身が大切だと思うことについて、ナラティヴ・セラピーの器を借りて書いてみました。恥ずかしながら、五五歳になって初めての単著です。

また、ナラティヴ・セラピーについての現時点での私の「ナラティヴ」ですから、理解不足や誤解といったこともきっとあることでしょう。お気づきの点はご指摘ください。

本書を締めくくるにあたって多くの人にお礼を述べたいと思います。

まずは、読んでくださった読者のみなさま、ここまでお付き合いくださり、ありがとうございました。

また、今年で三三年目になる臨床実践のなかで出会ったすべての方々に感謝申し上げます。多くの臨床の現場を経験させていただき、たくさんの方から学ぶことができました。ここしばらくでは、神戸松蔭女子学院大学の大学院生や学部生、同僚諸氏、神戸セミナーの喜多徹人校長をはじめ神戸の研究会のメンバーのみなさんには日頃から多くの刺激を与えてもらっています。いろいろな議論をするたび、そして疑問に答えようとするたびにアイデアがまとまっていきました。

家族療法の世界への扉を開いてくださった東豊先生（龍谷大学）や児島達美先生（KPCL）には長いあいだ、公私にわたり、まるで親戚づきあいのようなかたちでお世話になっています。日頃照れ臭くていえませんから、この場を借りてお礼を申し上げます。

また、主に活動させてもらっている日本ブリーフサイコセラピー学会や日本家族療法学会、日本心理臨床学会、日本心身医学会などでお会いしているみなさまに、多くの発表の場、議論の場を与えていただいたことがこれまでの学びにつながっています。

わが国のナラティヴ・セラピーの第一人者である愛知県がんセンターの小森康永先生には、在外研修の相談をした際にワイカト大学の存在を教えていただきました。また、ワイカト大学大学院を修了された国重浩一先生（ダイバーシティ・カウンセリング・ニュージーランド）を紹介していただいたことも貴重なコネクションと多くの学びにつながりました。お二人にあらためて感謝申し上げます。

日本語で書いても通じないでしょうが、ワイカト大学の教授陣にも感謝しています。英語もろくに話せない私に丁寧に接していただき、充実した一年間の記憶は今でも私と家族の宝になっています。「外国人」となる日々は貴重なマイノリティ体験であり、おかげで尊重してもらえることのありがたさについて学ぶことができました。

この本を書き上げるのに、実は最初の構想から四年くらいを要してしまいました。実際に書き始めることができたのはおよそこの一年間で、半分くらいは令和の幕開けとなったゴールデンウィークの前後に書いたものです。

実際に執筆を進めていくと、書き終えた章がすぐに気になること「半端ない」わけです。授業をするたび、誰かと話をするたびに書き直したくなりますから、キリがありません。

しかし、日本評論社編集部の木谷陽平さんからは、期限を区切って優しく催促していただいたので、なんとか書き進めることができました。ありがとうございました。あなたのおかげです。

PALET'S Inc. 坂本水津哉氏は私の従兄弟で、小さい頃より実の兄のように頼りになる存在です。今回、装丁とイラストを快く引き受けてくれて、ありがとう。

最後に、史上最長の大型連休にもかかわらず、どこに行くこともなく、資料もPCもあちらこちらに散らかしたままの私に対して、文句も言わずに見守ってくれた妻と子どもたちに感謝します。

坂本真佐哉

二〇一九年五月　快晴の神戸の街と港を眺めながら

# 参考文献


## 第1章

（1）芥川龍之介「桃太郎」『芥川龍之介全集　第21巻』岩波書店、一九九七年

（2）小川未明「千代紙の春」『定本小川未明童話全集3』大空社、二〇〇一年

## 第2章

（1）White, M., & Epston, D.: *Narrative means to therapeutic ends*. W.W.Norton, 1990.（小森康永訳『物語としての家族　新訳版』金剛出版、二〇一七年）

## 第3章

（1）Fisch, R., Ray, W.A., Schlanger, K. et al.: *Focused problem resolution: selected papers of the MRI brief therapy center*. Tucker & Theisen, 2010.（小森康永訳『解決が問題である―ＭＲＩブリーフセラピー・センターセレクション』金剛出版、二〇一一年）

（2）Palazzoli, M.S., Cecchin, G., Prata, G. et al.: *Paradox and counterparadox: a new model in the therapy of the family in schizophrenic transaction*. Jason Aronson, 1978.（鈴木浩二監訳『逆説と対抗逆説』金剛出版、一九

八九年）
（３）Andersen, T.: *The reflecting team: dialogues and dialogues about the dialogues*. W.W.Norton, 1991.（鈴木浩二監訳『リフレクティング・プロセス―会話における会話と会話　新装版』金剛出版、二〇一五年）
（４）矢原隆行『リフレクティング―会話についての会話という方法』ナカニシヤ出版、二〇一六年
（５）ハーレーン・アンダーソン、ハロルド・グーリシャン、野村直樹著・訳『協働するナラティヴ―グーリシャンとアンダーソンによる論文「言語システムとしてのヒューマンシステム」』遠見書房、二〇一三年
（６）Miller, S., & Berg, I.K.: *The miracle method: a radically new approach to problem drinking*. W.W.Norton, 1995.（白木孝二監訳『ソリューション・フォーカスト・アプローチ―アルコール問題のためのミラクル・メソッド』金剛出版、二〇〇〇年）

## 第６章

（１）坂本真佐哉「ナラティヴ・セラピーにおける援助者のポジショニングはブリーフセラピーの発展に何をもたらすのか―脱中心化共有の観点からの一考察」『ブリーフサイコセラピー研究』一九巻二号、九〇―一〇二頁、二〇一〇年
（２）坂本真佐哉、奥澤朋奈「ナラティヴ・セラピーを用いた禁煙グループ支援における外在化する会話のすすめ方とその効用について」『ブリーフサイコセラピー研究』二三巻一号、二五―三五頁、二〇一四年
（３）White, C., & Denborough, D. (eds.): *Introducing narrative therapy: a collection of practice-based writing*. Dulwich Centre Publications, 1998.（小森康永監訳『ナラティヴ・セラピーの実践』金剛出版、二〇〇〇年）

## 第7章

（1）White, M.: *Maps of narrative practice*. W.W.Norton, 2007.（小森康永、奥野光訳『ナラティヴ実践地図』金剛出版、二〇〇九年）

（2）White, M.: *Narratives of therapists' lives*. Dulwich Centre Publications, 1997.（小森康永監訳『セラピストの人生という物語』金子書房、二〇〇四年）

（3）White, M.: *Narrative practice and exotic lives: resurrecting diversity in everyday life*. Dulwich Centre Publications, 2004.（小森康永監訳『ナラティヴ・プラクティスとエキゾチックな人生―日常生活における多様性の掘り起こし』金剛出版、二〇〇七年）

（4）Monk, G., Winslade, J., Crocket, K. et al. (eds.): *Narrative therapy in practice: the archaeology of hope*. Jossey-Bass, 1997.（国重浩一、バーナード紫訳『ナラティヴ・アプローチの理論から実践まで―希望を掘りあてる考古学』北大路書房、二〇〇八年）

（5）宮本常一『忘れられた日本人』岩波文庫、一九八四年

（6）White, M., & Epston, D.: *Narrative means to therapeutic ends*. W.W.Norton, 1990.（小森康永訳『物語としての家族　新訳版』金剛出版、二〇一七年）

（7）Bateson, G.: *Step to an ecology of mind*. University of Chicago Press, 1972.（佐藤良明訳『精神の生態学』思索社、一九九〇年）

（8）坂本真佐哉「ナラティヴ・セラピーにおける援助者のポジショニングはブリーフセラピーの発展に何をもたらすのか―脱中心化共有の観点からの一考察」『ブリーフサイコセラピー研究』一九巻二号、九〇―一〇二頁、二〇一〇年

## 第8章

(1) Winslade, J., & Williams, M.: *Safe and peaceful schools: addressing conflict and eliminating violence*. SAGE Publication, 2012.（綾城初穂訳『いじめ・暴力に向き合う学校づくり―対立を修復し、学びに変えるナラティヴ・アプローチ』新曜社、二〇一六年）

(2) Monk, G., & Winslade, J.: *Narrative mediation: a new approach to conflict resolution*. Jossey-Bass, 2000.（国重浩一、バーナード紫訳『ナラティヴ・メディエーション―調停・仲裁・対立解決への新しいアプローチ』北大路書房、二〇一〇年）

(3) Monk, G., & Winslade, J.: *When stories clash: addressing conflict with narrative mediation*. Taos Institute Publications, 2012.（池田真依子訳『話がこじれたときの会話術―ナラティヴ・メディエーションのふだん使い』北大路書房、二〇一四年）

(4) White, M.: *Maps of narrative practice*. W.W.Norton, 2007.（小森康永、奥野光訳『ナラティヴ実践地図』金剛出版、二〇〇九年）

## 第9章

(1) British Psychological Society: *Understanding psychosis and schizophrenia*. 2014.（国重浩一、バーナード紫訳『精神病と統合失調症の新しい理解―地域ケアとリカバリーを支える心理学』北大路書房、二〇一六年）

(2) 斎藤環著・訳『オープンダイアローグとは何か』医学書院、二〇一五年

(3) 田中究「オートポイエーシス・システムによる学校臨床へのアプローチ」『ブリーフサイコセラピー研究』二一巻二号、五六―六九頁、二〇一二年

(4) 東豊『家族療法の秘訣』日本評論社、二〇一〇年

（5）Kaufman, S.: *At home in the universe: the search for laws of self-organization and complexity*. Oxford University Press, 1995.（米沢富美子訳『自己組織化と進化の論理―宇宙を貫く複雑系の法則』日本経済新聞社、一九九九年）

## エピローグ

（1）British Psychological Society: *Understanding psychosis and schizophrenia*. 2014.（国重浩一、バーナード紫訳『精神病と統合失調症の新しい理解―地域ケアとリカバリーを支える心理学』北大路書房、二〇一六年）

（2）帚木蓬生『ネガティブ・ケイパビリティ―答えの出ない事態に耐える力』朝日選書、二〇一七年